김상욱 지음 | 김윤주 그림

contents

머리글 | 006

\# 001 어쨌든, 외모는 부럽다 | 011

\# 002 여신 강림, 그후 | 017

\# 003 크리스마스와 스태프의 인권 | 025

\# 004 체력 증진 | 037

\# 005 삼권분립 _ 주차권 | 047

\# 006 삼권분립 _ 식권 | 055

\# 007 삼권분립 _ 초대권 | 069

\# 008 초대권 손님 유형 분석 | 081

\# 009 연애의 적, 전국 투어 | 087

\# 010 작가주의 연출자 | 097

\# 011 브리지 촬영이야기 | 111

\# 012 오늘도 무사히 | 127

\# 013 카메라와의 전쟁 | 143

\# 014 앙코르의 법칙 | 153

\# 015 관객 참여 _ 미션 | 167

\# 016 관객 참여 _ 소품 | 177

\# 017 공연인 듯 아닌 듯 _ 군악대 | 191

\# 018 공연인 듯 아닌 듯 _ 팬미팅 | 201

019 해외 투어 _미국 | 215

020 해외 투어 _일본 | 229

021 해외 투어 _중국 | 237

022 해외 투어 _브라질 | 251

023 공연장 사람들 _기획 VS 프로덕션 | 269

024 공연장 사람들 _프로듀서 | 279

025 공연장 사람들 _연출자 | 289

026 공연장 사람들 _무대감독 | 299

027 공연장 사람들 _조명감독 | 307

028 공연장 사람들 _음향감독 | 317

029 공연장 사람들 _특수효과감독 | 329

030 공연장 사람들 _여성 스태프 | 343

031 데우스엑스마키나 | 351

032 인디밴드 공감 | 361

033 미국 투어의 역습 | 373

034 삼십대 중반 남성의 관심사 | 389

035 프리랜서 라이프 | 399

036 새벽의 울컥함 | 417

꼬리글 | 424

• 머리글

다른 사람들은 몇 페이지씩이나 쓰는 머리글이
이렇게 쓰기 힘든 것인지 몰랐습니다.
잔뜩 폼 잡은 문장들을 써내려갔다 지우기를 몇 차례,
그냥 진심으로 승부하기로 했습니다.

길지 않은 시간이지만, 제가 겪어본 바로는
콘서트를 연출하고 프로듀싱 하는 일은
분명 흥미롭고 감미로운 일입니다.
동시에 치열하고 아슬아슬한 일이기도 합니다.

지금부터 시작하는 이야기들은
누군가에게 자랑하거나,
누군가를 가르치기 위해 쓴 글은 아닙니다.

이 이야기들은 차라리 스스로를 위한 비망록에 가깝습니다.
이 일에 많은 부분을 할애했고, 할애하고 있으며,
또 앞으로도 할애할 제 젊음의 많은 부분을 남겨두고 싶었습니다.

다만, 이 졸렬한 글들을 통해
콘서트나 공연을 꿈꾸고 있는 후배들이
현직에 있는 선배들의 삶의 작은 부분을 보고
자신의 삶을 연출하는 데에 미미하게나마 도움이 되기를
조심스럽게 바라고 있습니다.

그리고 콘서트를 비롯한 공연 예술을 즐기는 관객들이
이 글을 통해 조금 더 공연을 재미있게 볼 수 있게 되고
공연을 만드는 스태프들을 이해하게 된다면
그 이상 바랄 것은 없습니다.

이야기에 앞서,
제가 꼬꼬마였던 ㈜좋은콘서트 시절부터 함께하는 동료, 선후배님들,
까칠한 연출PD를 기꺼이 받아주시는 여러 프로덕션 스태프들,
미우나 고우나 '내 가수'인 아티스트들과 그들의 소속사 식구들,
못난 선배 모시느라 고생중인, 친구 같은 후배 '타조알' 송보근 PD,
이제는 척하면 척인 그림을 그려주는 천재 작가, 김윤주 작가에게
깊은 감사와 신뢰를 드립니다.

지금까지의 제 인생을 구제하신 사랑하는 어머니,
그리고
앞으로의 제 인생을 구제할 사랑하는 아내에게
이 책을 드립니다.

#001 어쨌든,
외모는 부럽다

공연계에서 일하는 사람들 중에는
학창 시절 나름 '한가닥' 했던 사람들이 많다.

특히 직접 밴드에서 노래나 연주를 했던 사람들도 많고,
그게 아니라면 음악에 대해 준프로 수준의 지식을 가진 사람들이다.

이런 사람들이 공연일을 하다보니,
자연스럽게 어렸을 적 우상으로 생각했던 아티스트를 만나는 경우가 생긴다.
테이프가 늘어져서 데크가 테이프를 잘근잘근 씹어 삼킬 때까지
들었던 가수를 직접 만나는 일.
비디오테이프로 시간 맞춰 녹화해둔 분량을 계속 돌려보던 가수와
한 테이블에 마주 앉아 회의를 하는 일.

사춘기를 지배했던 그들을 파트너로 만나는 일은 엄청난 희열이었다.
첫 미팅에 나가는 날.

기억에도 선명한, 분명 시원한 가을날이었는데도
등에는 식은땀이 줄줄 흘렀다.

"첫사랑은 다시 만나지 말라"는 말은,
〈TV는 사랑을 싣고〉에만 해당되는 일은 아닌가보다.
나의 우상이었던 아티스트가,
20년째 만나고 있는 친구를 늦은 밤 호프집으로 불러냈을 때 입고 나올 법한,
바로 그 옷으로 나를 맞이할 때의 충격.
'스킨만 발랐어요'라며 쌩얼이라 주장하는 연예인들의 말은
모두 거짓이란 걸 알아채게 되는 그 순간의 묘한 웃음.

이제 그는, 우상이 아닌 파트너.

처음 아티스트를 만나던 날은 많이 어색했다.
그들은 TV에서 보던 '연예인'이었으니까.

그러나 많이 만나다보면
별다른 느낌이 들지 않는다.
정돈되지 않은 말투와
정돈되지 않은 헤어와
정돈되지 않은 메이크업과
때로는 정돈되지 않은 정신까지.

그러나,
가끔 외모는 부럽다.

공연일을 한다고 하면
주위에서 가장 많이 듣는 것은
"가수 XX는 어때?"라는 질문이다.

처음 공연을 시작했을 때는
함께했던 출연자들의 좋은 점 나쁜 점을
친구들에게 시시콜콜 얘기하곤 했다.

이제는 그렇지 않다.
나는 내가 하고 싶은 일을 할 뿐,
상대가 누구인지는 중요치 않으니까.
친구들에게 하는 가수에 대한 미담도 험담도 무의미해졌다.

#002 여신 강림,
그후

이제 웬만한 아티스트와의 미팅 정도는 떨리지 않게 된 김PD.
그러던 어느 날, 당시 최고의 여자 아이돌 그룹과 일하게 되었다.

쿵쿵쿵쿵쿵쿵쿵쿵쿵……
마치 처음 연출을 맡은 공연이 시작했을 때 바로 그때처럼,
가슴이 뛴다.

오늘부터 매일같이,
야근 야근 야근.

평소에 이렇게 일했으면 작년 가을쯤 우주 최고의 PD가 되었을 것 같다.

오늘 밤은,
절대 풀리지 않는 눈동자로,
귀에는 XXXX의 노래를 무한 반복하는 이어폰을 꽂고,
야식도 안 먹고 담배도 안 피우는 집중력으로,
입에는 실실 바보 같은 웃음을 흘리며,
설렘으로 떨리는 심장을 진정시키며,
평소와 달리 한껏 당겨 앉은 의자에,
척추 만곡증이라도 걸릴 것 같은 몰입 모드 자세로,
첫 미팅을 준비한다.

잠시 후, 여신을 만나다.

막 방송 녹화를 마치고 온, 풀 메이크업의 그들을 보면서
오직 '여신'이라는 단어만 생각났다.
여자친구가 있었다면 정말 미안했을 정도로.

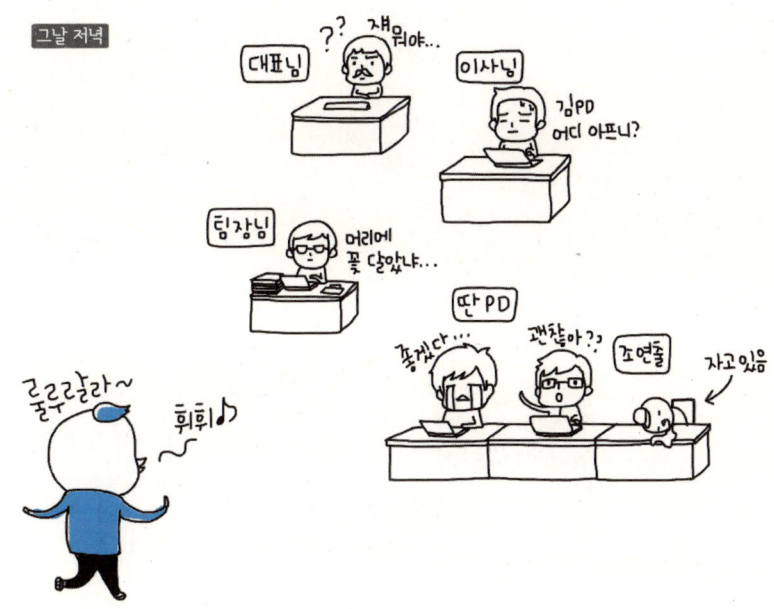

다른 직원들의 질시와 질투, 시기와 비난에 시달려도 좋았다.
세상은 아름답다.

그다음 주, 2차 미팅.

오전 일찍 만난 쌩얼의 그들은,
그저 여고 앞 여느 떡볶이집에서
튀김을 떡볶이 국물에 찍어 먹고 있을 법한 학생들이었다.

여신은 어디 가고 여고생만이.

아이돌, 혹은 우상.

매주 몇 번씩 하는 방송 때 팬클럽을 수백 명씩 동원하고,
팬 사인회라도 한번 하면 수천 명이 몰려 경호팀이 출동하고,
공연 한번 하면 수만 명을 모으고,
유료 팬클럽 회원이 십만 명이 훌쩍 넘는
대중의 우상.

물론 그들이 스스로 '좋아서 하는 일'이라고는 하지만
그 어린 친구들이 무쇠 같은 체력과 용광로 같은 열정으로 일하는 걸 보면,

난 내가 '좋아하는 일이라서' 선택한 이 일을
과연 이 친구들만큼 열심히 하고 있나 하는 반성조차 들 정도다.

#003 크리스마스와
스태프의 인권

농부에겐 수확철, 여행사 직원에겐 휴가철, 작가에겐 마감 즈음,
학생에겐 시험 즈음, 가수에겐 앨범 발표 후, 회계사에겐 결산 전.
직업마다 바쁜 철이 있다.

공연계에 있는 사람에겐 연말 두세 달이 제대로 바쁜 철이다.
찬바람 슬슬 불어오는 9월 말, 10월이 되면
수도 없이 많은 공연이 연말을 준비하기 시작한다.
'이 가수가 공연하면 몇 명이나 표를 살까' 싶은 가수들도 예매 페이지에 뜬다.

가수도 그렇지만, 스태프도 마찬가지다.
연말이 다가오면 일 년에 한 번 볼까 말까 한 얼굴들이 스태프 회의에 나타나고,
처음 보는 얼굴들도 공연장에서 바쁘게 돌아다닌다.
그뿐인가.
'없다, 모자라다'던 장비들도 어디선가 튀어나와 무대를 채우고 있다.
그야말로 '풀가동'이다.
쉽게 얘기해서, '크리스마스에 공연장에 없는 사람은 공연계 사람이 아니다.'

스태프들은 크리스마스에 약속을 잡을 필요가 없다.
나 역시 '크리스마스에 뭘 하지'라는 고민을 하지 않은 지 오래됐다.
주위 사람들도 이제 연말에 나를 볼 수 있으리란 기대를 접었다.

크리스마스 당일 공연은
스태프들의 정상적인 인간관계를 위해 법적으로 금지되어야 한다.

아니면 격년으로라도.
아니면 3년마다라도.
아니면 5년마다라도.

2002년, 공연계 입문 후 처음 경험하는 크리스마스.

2003년 크리스마스, 아직은 낭만.

2004년 크리스마스, 이건 현실이다.

광주

2005년 크리스마스, 엄마가 버린 아들.

부산

2006년 크리스마스, 위기를 넘기다.

2007년 크리스마스, 술 취한 친구의 만행.

2008년 크리스마스, 작년 그놈의 2차 범행.

공연 끝나고 철수중

'스태프들이 크리스마스를 가족과 함께 보낼 수 있는 법안'의
발의를 위한 서명운동이라도 벌일까 고민하던 중에
'크리스마스 공연을 추천해달라'는 친구의 질문을 받고 발끈해버렸다.

아담이 먹지 말란 선악과를 따 먹고
판도라가 열지 말란 상자를 연 이후,
하지 말라는 일을 더 끈질기게 하는
인간의 우둔함은 21세기에도 여전히 반복되고 있다.

매년 크리스마스가 무슨 요일에 걸려 있는지는
공연 기획사 사장님들의 영원한 관심사다.

최고는 수요일이나 목요일에 걸린 크리스마스다.
이렇게 되면, 그전 주부터 대박 매출은 시작된다.

전주 수요일에 셋업 시작. 토, 일의 주말 공연.
바로 철수했다가 월요일부터 또 셋업. 수, 목의 크리스마스 공연.
바로 철수했다가 금요일부터 또 셋업. 토, 일의 주말 공연.
바로 철수했다가 월요일부터 또 셋업. 화, 수의 연말 공연.

12월 17일부터 31일까지,
2주 동안 네 종류의 8회 공연을 치르다보면
최소한 반은 대박 매출을 일구어낸다.
게다가 트러스, 조명, 무대 등을 공유한 탓에 매입은 줄어드니
어쨌든 이 기간 동안은 남는 장사를 할 수 있다.

크리스마스와 연말을 잇는 열흘여는 그해 매출의 40%를 차지하는,
다시 말해 회사의 사운이 걸린 중요한 시간이다.
기획사가 살아남아 좋은 기획을 해야 좋은 공연이 올라가고,
그래야 모든 스태프들이 공생할 수 있는 법.
그래서 기획사는 올해도 수요일의 크리스마스를 기다린다.

매년 크리스마스가 무슨 요일에 걸려 있는지는
공연 프로덕션 스태프들의 영원한 관심사다.

최악은 수요일이나 목요일에 걸린 크리스마스다.
이렇게 되면, 그전 주부터 죽음의 전쟁은 시작된다.

전주 수요일에 셋업 시작. 토, 일의 주말 공연.
바로 철수했다가 월요일부터 또 셋업. 수, 목의 크리스마스 공연.
바로 철수했다가 금요일부터 또 셋업. 토, 일의 주말 공연.
바로 철수했다가 월요일부터 또 셋업. 화, 수의 연말 공연.

12월 17일부터 31일까지,
2주 동안 네 종류의 8회 공연을 치르다보면
말짱했던 사람도 눈동자가 풀리기 마련이다.
떨어진 체력과 집중력 탓에 안전사고도 일어나기 십상이다.
모든 공연이 끝난 1월 1일의 새벽엔 심신이 무너져 있다.

동창들과의 망년회를 가본 기억이 가물가물하다.
스태프와 만나는 여자는 12월을 혼자 보낼 각오를 해야 한다.
12월의 스태프는 집에선 그저 '잠만 자실 분'일 뿐이다.
물론, 집에서 잠이라도 잘 수 있으면
그건 그나마 행복한 편이다.

떡은 스태프가 될 수 없지만, 스태프는 떡이 될 수 있다.

#004 체력 증진

보통 사람들의 달력은 1월에 새해를 시작하지만,
스태프들 마음 속의 달력은 3월에야 새해를 시작한다.

예전에는 11월부터 시작한 전국 투어는
12월 31일에 끝나는 경우가 많았다.
1월과 2월은 콘서트 비수기라고 여긴 공연 기획자들이
일부러 12월 안에 모든 투어를 끝내 매출을 극대화하려 했기 때문이다.

12월에 공연이 많다는 건 예나 지금이나 같지만,
요즘에는 12월에 투어를 시작해 1월이나 2월까지 하는 경우도 흔하다.
시즌에 상관없이 찾아오는 고정 팬층이 생긴 가수들이 많아지기도 했지만,
그만큼 콘서트를 찾는 관객층이 두터워졌기 때문이다.
그래서 콘서트 스태프들은 1월이 되어도 새해가 된 느낌이 들지 않는다.
진정한 새해는 3월이다.

천성(天性)인지 천형(天刑)인지 모르지만
꼼꼼하게 작은 것까지 신경써야 직성이 풀리는 성격 탓에
큐시트의 오탈자와 폰트, 줄 간격, 대소문자까지 체크하고
가사집에 전주와 간주, 후주의 마디수까지 체크하다보면,
분명 동지(冬至)에서 멀지 않은 날임에도 해는 금방 떠버린다.

그렇게 밤을 새우고 연말 셋업 현장에 나가면 체력 소모는 극에 달한다.
난방이 되지 않는 겨울의 공연장에서 셋업을 하면
뭘 먹어도 체온을 유지하는 데 다 써버리는 것처럼 춥다.

이십대에는 밤을 새우면 다음날 조금 졸렸다.
삼십대에 들어서자 밤을 새우면 다음날 많이 졸렸다.
삼십대 하고도 중반이 되자 밤을 새우면 다다음날까지 많이 졸렸다.

멍한 정신에 얼어버린 육신.
추우면 정신 번쩍 난다는 건 다 거짓말이다.
추우면 정신이 번쩍하면서 나간다.

연말은 못 먹고 못 잔다.
물론 연중에도 공연에 걸리면 못 먹고 못 잔다.

그래서 평소에 체력관리가 필요하다고 절실히 느낀다.
상대적으로 공연이 적은 3월부터 9월까지의
육 개월 정도가 체력을 끌어올리는 시즌이다.

과감하게 끊은 헬스 클럽 육 개월 회원권.
클럽에 처음 들어갔을 때, 벽면에 꽉 들어찬 신발장의 숫자에 놀랐다.
이 작은 동네 클럽에 이렇게 많은 사람들이 다니고 있었다니.
나만 체력관리 안 하고 있었구나…… 잠깐의 자책감마저.

그런데 클럽을 다니다보면,
헬스 클럽들이 어떻게 돈을 버는지 알 수 있을 것 같다.
그 많은 신발장을 전세 낸 사람들 중에는
나 같은 사람이 많기 때문이다.

5월 첫 주 갱생의 길

5월 셋째 주 정당한 핑계

9월 셋째 주 **Time Flies**

세상에서 가장 느리게 가는 시계는 국방부 시계다.
그다음으로 느리게 가는 시계는 러닝머신 시계다.
그다음으로 느리게 가는 시계는 사이클머신 시계다.

제대일을 기다리는 병장은 하루가 1년 같다.
러닝머신을 뛰며 숨이 턱밑까지 차오른 사람은 10초가 10분 같다.
사이클머신을 타며 허벅지가 터지지 않을까 고통받는 사람은 1초가 10초 같다.

'너 벌써 제대해? 군대 간 지 얼마 안 된 것 같은데 시간 빠르다'라는 말이
말년 병장에게 얼마나 큰 상처가 되는지 안다면,
'기껏 20분 뛰고 뭘 그래? 뛰는 동안 일일 시트콤 하나 보면 끝이잖아'라는 말을
여자친구가 그리 쉽게 하지는 않을 텐데.

#005 **삼권분립**
주차권

대략 260년 전쯤인 1748년,
프랑스의 사상가 몽테스키외가
그의 저서 『법의 정신』에서 주창한 것이 삼권분리론이다.
입법권, 사법권, 행정권을 분리하여
권력의 균형과 견제를 이루자는 이 이론은
현대 민주국가 헌법의 근간이 되는 이론이다.

입법권, 사법권, 행정권처럼
공연장에도 삼권(三權)이 있으니,
그것은 주차권, 식권, 초대권이다.

그러나, 공연장의 삼권은 아직 분리되지 않은 채
제작PD에게 집중되어 있다.
그런데 아이러니한 것은,
삼권을 거의 독점하고 있는 제작PD가
이 권력을 이용해 무소불위의 독재를 휘두르기는커녕
삼권을 가지고 있다는 이유만으로
스태프들의 각종 민원에 시달린다는 것이다.

처음 삼권을 받아 든 김PD는 그 사실을 몰랐다.

먼저, 주차권.

짐을 싣고, 사람을 싣고 온 스태프들의 차량이
무료로 주차관리소를 통과할 수 있도록
미리 공연장 측에서 받거나 구매하여 필요한 스태프들에게 나눠준다.
정가를 낸다면 어마어마한 주차비가 나오는 공연장이 많기 때문에,
제작사에서 할인된 금액으로 일괄 구매하여 현장에서 배부하는 것이다.

문제는,
대부분의 경우 이 주차권을 미리 예측해서 확보해야 한다는 데에 있다.
주차권 수량을 예측하기란,
집에 있던 강아지의 배가 불러올 때
저 녀석이 과연 몇 마리의 새끼를
낳을 것인가를 예측하는 것만큼이나 까다롭다.

사전에 각 팀들에게 물어봐도
현장에 오면 꼭 달라지는 수량은 정말 골칫거리가 아닐 수 없다.

더 큰 문제는 주차권의 권종이 점점 더 다양해진다는 것이다.
예전에는 동네 초딩도 위조할 수 있을 것 같은
'무료주차권' 스탬프를 아무 데나 찍어주곤 했다.

요즘에는 각 공연장에 차량의 입차 시간을 기록하는
첨단 주차관리시스템이 도입되면서
주차권도 점점 더 복잡해지고 있다.

A극장의 경우는,

1시간 이내 무료,
4시간권 3천원, 12시간권 5천원이다.
공연 종료 후 남은 주차권은
100% 환불이 가능하다.

B극장의 경우는,

2시간권 2천원, 4시간권 3천원,
종일권 6천원이다.
그런데 종일권도 자정까지만 인정된다.
낮 2시에 들어와 새벽 2시에 나가는 차량은
종일권과 2시간권을 모두 가지고 있어야 한다.
남은 주차권은 수수료 10%를 제하고
환불이 가능하다.

C극장의 경우는,

2시간권 2천원, 6시간권 3천원, 종일권 8천원이다.
여기는 주차권의 합산이 불가능하다.
한마디로 8시간을 주차했다면 2시간권과
6시간권을 내밀면 되는 것이 아니라,
종일권 한 장을 내밀어야 한다.
환불 조건은 기억도 나질 않는다.

일하러 온 스태프들에게 주관사 측에서 주차권을 제공하는 일은 당연한 일이다.
문제는
제작PD가 그 많은 팀들의 그 많은 사정을 조사하고 예측하고,
그 많은 규칙 안에서 최소의 금액 손실로,
스태프들이 빈정 상하는 일이 없도록 운영한다는 것이 쉽지 않다는 것이다.

남으면 문제,
모자라면 더 문제,
여하튼 문제.

그래서,
비겁하게 그 일을 조연출에게 슬쩍 미뤄본다.

주차권 에피소드

`09:00` 셋업 시작하는 공연장 로비

`23:00` 셋업 끝나가는 공연장

`01:00` 셋업을 마치고 나온 공연장 주차장

#006 　삼권분립
식권

공연장의 삼권 중에 두번째는 식권이다.

보통 서울 공연의 셋업 때는 특별한 경우가 아니라면 식권을 지급하지 않는다.
워낙 팀마다 셋업 시간의 제각각인 것이 가장 큰 이유다.
이를테면 조명팀은 첫날 아침 일찍 나와서 조명을 달아 올린다.
저녁에는 대부분이 어딘가로 사라지는데,
무대가 완성되기 전까지는 할 수 있는 일이 아주 제한적이기 때문이다.

이렇게 공식적으로 식사가 지급되지 않는 서울 공연 셋업 때는
팀 별로 알아서 끼니를 해결하는데, 역시 배달 음식이 인기가 있다.
정확하게 이야기하자면,
인기가 있다기보다는
공연장에 따라서는 배달 음식 외엔 선택의 여지가 없는 곳이 많다.

한편, 공연장이 몰려 있는 서울 종합운동장과 올림픽공원에 셋업이 시작되면
스태프들을 상대로 한 주변 중국집과 한식집들의 치열한 마케팅이 펼쳐진다.
마치 매년 구세군 냄비에 거액을 몰래 넣고 사라지는 익명의 기부천사처럼,
여름엔 냉커피를 페트병째로 타다가 공연장 한가운데에 놓고 가고,
겨울엔 뜨거운 캔커피 수십 개를 놓고 가는 배달의 기사님들.
그들이 뿌리는 홍보 전단지의 양은
현장에 있는 스태프들의 수보다, 아니 그 곱절보다도 많다는 것이 정설이다.

그리고, 그 치열하던 마케팅은
셋업 기간이 끝나고 공식적인 식사가 지급되는 시점에 귀신같이 끝난다.

서울 공연의 리허설 날과 공연 날 식권을 지급하더라도,
식권이 정말 실물 형태의 식권으로 지급되는 경우는
최근에는 거의 찾아볼 수 없다.
대신 운영팀에서 공연장 근처 식당을 섭외하고 구두 계약을 한다.
스태프들은 미리 약속된 메뉴(이를테면 7천원 이하의 메뉴) 안에서 골라 먹고, 나올 때 'OO 공연 스태프입니다'라고 얘기한 후
장부에 팀과 이름을 적고 나오는 식이다.

가끔 이 약속을 사장님만 알고 있는 경우도 있다.

가장 흔한 경우는 현장에서 바로 먹을 수 있는 도시락이다.
그러나 도시락의 맛이 항상 성공적이라고 할 수는 없다.
운영팀에서 심하게 견적을 깎은 경우(라고 강하게 의심되는 경우)에는
닭목뼈볶음탕 도시락이라든가 물렁뼈부분집중제육볶음 도시락을 만나게 된다.
그래서 개인적으로 선호하는 도시락은 품질이 거의 일정한
'도시락계의 글로벌 스탠다드', '도시락계의 맥도널드',
'도시락계의 코카콜라', '도시락계의 베스트앤스테디셀러'라고 부르는
한솥 도시락, 그중에서도 '도련님 도시락'이다.
한국, 미국, 태국, 브라질 등 글로벌한 원산지 표기가 혼재된 것이 특징인
도련님 도시락이 현장에 막 배달되었을 때의 그 따스한 온기는
엄마가 차려주신 밥상의 온기에 비견할 만하다.

그러나, 어떤 도시락 업체의 어떤 메뉴를 먹게 되더라도
맛있게 먹을 수 있는 확률은 20% 미만인데,
바쁜 리허설과 공연날 스케줄을 진행하다보면
어느새 차갑게 식어버린 도시락을 먹게 되는 것이 대부분이기 때문이다.
그만큼 뜨겁게 공연을 위해 뛰는 스태프들의 열정으로 위안을 삼는다!!!
……는 것도 한두 번이지, 이제는 차가운 도시락이 싫다.

사고의 전환의 전환

지방 투어의 경우엔 스태프들의 식권, 식사에 대한 중요도는 더 크다.
서울에서 지방으로 공연을 하러 간 팀들이
공연장 근처나 숙소 근처 어디에 식당이 있는지,
그 식당은 언제 열고 언제 닫는지,
잘하는 메뉴는 무엇인지 등등을
각자 알아보는 건 너무 소모적인 일이기 때문이다.
이럴 땐 지방 기획사에서 적당한 식당을 섭외해서 스태프들에게 공지해준다.

제작PD로서 스태프들에게 따스한 밥과 국을 먹이고픈 마음은
서울에서나 지방에서나 모두 같지만,
지방 어느 곳, 허허벌판에 새로 지은 공연장에 밤 늦게 도착했을 때,
스태프들이 배고프단 이야기를 꺼낸다면, 이건 정말이지 답이 없다.

현지 기획사에서 '출장 뷔페'를 불렀다고 하도 자랑을 하길래,
나도 스태프들에게 '오늘 저녁 기대하고, 꼭 드시라'고 공지했다가
창피를 당한 적도 있다.

서울이든 지방이든,
사는 사람이나 먹는 사람이나 가장 쿨한 방법은 역시 지정 식당이다.
도시락처럼 모자라거나 남을 걱정이 없고,
아무 때나 팀별 스케줄에 맞춰서 먹을 수 있기 때문이다.

그러나, 어디서든 방심은 금물이다.

그렇게 3박 4일의 체류 동안 김치찌개 네 번, 된장찌개 세 번을 먹었다.
어떤 스태프는 해산물 알레르기가 있어서
조개가 들어 있는 된장찌개를 못 먹고 김치찌개만 연속 네 번을 먹은 후
그냥 자비로 식사를 해결했다고 한다.

이 투어 때부터
찌개 전문, 우동 전문, 감자탕 전문,
냉면 전문…… 하여튼 모든 전문점이 다 싫어졌다.

지정 식당이 지겨워진 연출팀, 큰맘 먹은 자체 회식.

스태프들을 먹이는 데에는 지정 식당이나 도시락같이
미리 정해진 식사도 물론 중요하다.
그렇지만 현장의 스케줄이란 때론 시작하는 시간만 있을 뿐,
끝나는 시간이 정해지지 않은 경우도 많다.
특히 리허설을 오래 하기로 유명한 출연자를 만나면,
그날의 지정 식당과 주문해둔 도시락은 무용지물이 된다.
이럴 때는 그때그때 순발력이 필요하다.

왜냐하면,
'오늘 리허설 길어질 것 같으니 미리 우리 밥을
어떻게 챙길 것인지 대책을 세워주세요'라고 얘기하는 스태프는 없지만,
'김PD, 리허설이 되게 길어지네? 우리 배고파……. 어떡해?'
라고 얘기하는 스태프는 많기 때문이다.

가끔은, 공연이 흥행에 실패했다는 이유로,
스태프들에게 식사를 아예 제공하지 않는
황당한 경우를 만나게 된다.

흥행의 성공과 실패에 대한 책임은 전적으로 제작사의 몫이다.

흥행에 성공하였다고 더 맛있고 비싼 식사를 제공할 것이 아니라면,
흥행에 실패했다고 해서 제작비를 아끼기 위해
스태프들에게 제공해야 할 기본적인 것을 제공하지 않는 것은
같은 업계에 종사하는 동료들에게 할 도리가 아니다.

물론, 공연이 처절하게 실패하여 자칫하면
공연의 성사 여부나 제작사의 존립까지 위태로워지는 경우도 가끔은 있다.
이럴 때는 수일 전에 미리 스태프들에게 정중히 양해를 구하고
다음을 기약하면 되는 것이다.
제작사가 있어야 공연이 만들어지고,
공연이 만들어져야 스태프들의 일터도 만들어지는 것이 아닌가.

밥을 먹지 않아도 공연장에 있으면 배불렀던 때가 있었다.
아니, 공연장에 있으면 허기를 느끼는 신경이 마비되었던 때가 있었다.
그때는 공연장의 공기가 마치 나에게는 밥과 같았다.
나는 그 공기에서 산소가 아닌 탄수화물과 단백질을 뽑아 먹는 느낌이었다.
그리고, 아마도 공연일을 하는 많은 사람들이 비슷한 경험을 했을 것이다.

그렇지만,
일에 대한 열정이 단기적으로 허기를 잊게 하고
끝없는 체력을 솟구치게 할 수는 있어도
장기적으로 그 사람의 건강과 생존을 책임질 수는 없다.

한 달 일하고 말 것이 아니라면,
일 년의 상당 부분을 객지에서 보내야 하는 스태프들은

알아서 밥 잘 챙겨 먹어야 한다.

#007 삼권분립
초대권

주차권, 식권, 초대권.

이른바 삼권 중에 가장 민감한 것이 바로 초대권이다.

주차권과 식권이 업계의 전반적인 협의 속에
이제는 큰 오해와 무리 없이 배분되고 있는 반면,
예전에나 지금이나 장르를 막론하고 공연계의 뜨거운 감자인 초대권은
아직도 누구 한 명 똑 부러지는 해법을 내놓지 못한 채
공연별로 원칙 없이 행사되고 있다.

가끔은 초대권을 근절해야 한다고 주장하는 칼럼이 신문에 나기도 한다.
그렇지만 실제로 객석이 100% 유료 관객으로 찬 공연장은 거의 없다.

회사에 소속되었을 때,
다시 말해 초대권을 책임지는 주최사의 입장이었을 때,
나 역시 이 문제에서 자유롭지 못했다.

초대권을 발행하는 이유는 여러 가지다.

가장 흔한 경우는 매표가 저조하여 공연장이 너무 휑해 보일까봐
주최측에서 초대권을 남발하는 경우이다.
3천 석짜리 공연장의 공연에 공연 전날까지 티켓이 5백 장만 팔렸다면,
웬만한 강심장을 가진 기획자가 아니고서야 초대권을 풀 수밖에 없다.

공연장이 휑하면 아티스트도 흥이 나기 힘들 뿐더러, 관객도 흥이 나지 않는다.
아티스트도, 관객도 흥이 나지 않는 공연이 좋은 평을 받을 리 만무하고,
이렇게 되면 이 공연은 망한 공연으로 소문나기 십상이고,
이러면 아티스트에게나 주최사에게나 큰 상처로 남는다.
'이번엔 손해를 좀 보더라도, 나중에 좋게 만들자'는,
발전적인 취지를 도모하는 데에 방해가 되는 것이다.

그래서 많은 주최사들이
'어떻게든 잘된 공연으로 보여지기 위해서'
막판에 초대권을 발행하고 여기저기 '뿌린다'.

초대권이 발행되는 두번째 이유는,
공연 홍보를 위해 마케팅 차원에서 제공해야 할 초대권이 있기 때문이다.

예를 들어, 생수회사가 관객 전원에게 생수 한 병씩을
무료로 제공하는 협찬을 하게 되는 경우,
주최사는 생수회사의 광고를 공연 전에 3회 정도 틀어주고,
일정 수량의 초대권을 제공한다.
이러면 생수회사에서는 자사 홈페이지를 통해
공연 티켓을 경품으로 이벤트를 할 수 있다.
이런 식의 현물과 광고, 초대권을 주고받는 식의 협찬이
공연에서는 빈번하게 이루어진다.

주최사에서는 보통 객석의 특정 블록을 지정하고,
각 협찬사에 갈라서 배분하게 된다.
이렇게 해야만 미리 그 블록을 빼놓고
예매를 시작할 수 있기 때문이다.

그래서, 현장에서는 웃지 못할 일도 생긴다.

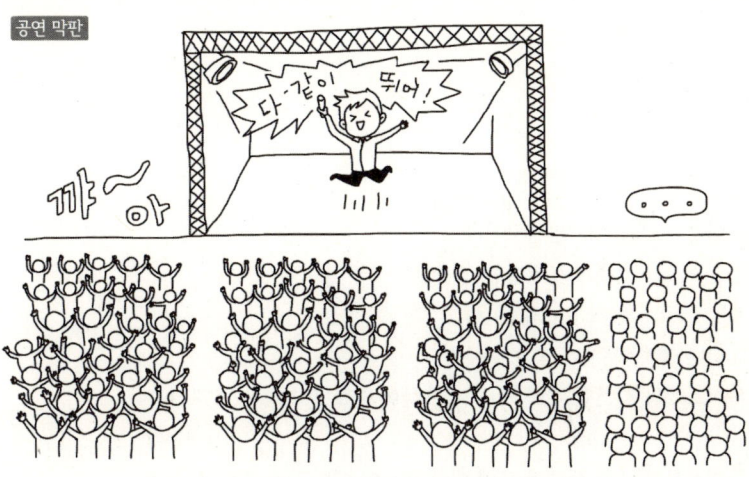

공연장이 휑할까봐 발행하거나,
공연 프로모션용으로 발행한 초대권은 나름의 이유가 있다.

그러나, 항상 문제가 되는 부분은
아티스트와 출연진, 소속사, 스태프들이 따로 요청하는 초대권이다.

주최사가 이들과 계약할 때 초대권 제공에 대한 내용은 아예 없거나
있다고 해도 수량을 명확히 제한해놓는다.
티켓은 공연 수익 창출의 가장 큰 도구이기 때문에
티켓의 판매와 운용은 주최사의 고유한 권리이기 때문이다.

주최사가 공연으로 수익을 남길 수 있어야
주최사가 아티스트와 출연진, 스태프들에게 개런티를 지급할 수 있고,
주최사가 더 많은 수익을 내야 공연에 더 많은 제작비를 쓰고
더 많은 개런티를 지급할 수 있는 것은 당연한 사실이다.
이렇게 되면 좋은 퀄리티의 공연이 더 많이 열릴 수 있고,
이렇게 되어야 공연계가 양적, 질적인 성장을 할 수 있는 것이다.

따라서 주최사 입장에서는 티켓을 한 장이라도 끝까지 더 팔아야 한다.
특히, 비싼 좌석부터 팔리기 시작하는 일반적인 예매 패턴을 고려하면,
미리 좋은 좌석을 초대권으로 빼놓고 판매를 하지 않는다는 것은
그만큼의 보장된 순수익을 포기한다는 것과 같은 의미이다.

특히나, 매진에 육박하거나 매진된 공연에서는
이러한 초대권을 구하기가 하늘의 별 따기가 될 수밖에 없다.
좌석수는 정해져 있고, 프로모션 초대권도 협찬사로 다 넘어갔고,
나머지는 유료 판매로 예매가 끝나가는 공연에서
주최측에 초대권을 요구하는 것은 그야말로 진상 중에 진상이다.

그럼에도 불구하고,
여전히 일부 몰지각한 사람들은 무데뽀 정신으로 초대권을 요구한다.
대표 누가 온대서, 사장 누가 온대서, 연예인 누가 온대서……
별의별 이유를 대며 초대권을 요청하는 사람들.
그들이 바로 공연계의 진상이다.

마음 약한 주최사의 경우, 이들의 요구를 들어주려 눈물을 머금고
현장 판매용으로 남은 좌석을 초대권으로 발행해버린다.
주최사로서는 마지막까지 팔 수 있는 티켓,
마지막까지 얻을 수 있는 수익을 포기해야 하는 것이다.

지금 당장은 스태프의 지인이 초대권을 받는 것이 중요할지 모르겠지만,
조금만 길게 보면 유료 티켓을 많이 판매하는 것이
공연계 전체의 성장과 발전을 하는 필수 조건이라는 것을
모두가 되새겼으면 좋겠다.

공연 D-1

공연 날 아침

공연 날 오후

공연 30분 전

#008 초대권 손님
유형 분석

아들이 도대체 무슨 일을 하고 있는지 잘 이해하시지 못하는 부모님께,
친구가 아직도 공연장에서 바닥 닦고 있는 줄 아는 친구들에게,
'무슨 일 하세요?'라고 물어봤던 예쁜 소개팅녀에게,
'저 인간은 정체가 도대체 뭐야?'라고 생각하는 후배들에게,
내가 하는 일에 대해 가장 빠른 이해를 구하는 방법은
초대권을 쥐어주는 일이다.

내가 몇 달의 고생 끝에 만들어낸 공연을 그들에게 보여주고,
얼마 후 그들이 그것을 진심으로 즐겼다고 말해주는 순간의 희열은
몇 만 관중이 운집한 공연장에서 느끼는 그것과 비슷하다.
그래서 나는 내가 받은 초대권은 거의 모두 주위에 나눠준다.

알고 보면,
아들이 백수가 아니었다는 것,
친구가 이젠 바닥을 닦지 않을 만큼은 된다는 것,
소개남이 제법 그럴듯한 일을 하는 남자라는 것,
저 형은 인생 헛살지 않은 선배라는 것.
그것을 은근히 보여주기 위해서.

그리고 그들의 윤택한 삶을 위해서.

초대권을 받은 사람이 하지 말아야 할 일들이 몇 가지 있다.

먼저, 기본 정보에 대해서 묻지 않기.
누구 나오냐, 날짜가 언제냐, 몇 시에 하냐,
공연장이 어디냐, 어떻게 가냐, 주차 되냐 등등.
정답은 인터넷에 모두 있다.
이런 질문을 받으면 주는 사람도 힘이 빠진다.

둘째, 늦지 않기.
현장에서 초대권을 주기로 한 경우,
오기로 한 사람이 늦으면 주기로 한 스태프는 마음을 졸인다.
일단 공연이 시작하면 자리를 뜰 수 없는 스태프가 많으니,
꼭 넉넉히 도착할 수 있어야 한다.
특히 공연이 많은 크리스마스나 연말에는 일부러
한 시간 전까지 안 오면 표 못 준다고 엄포를 놓기도 한다.
그럼에도 불구하고, 시작 3분 전에 오는 사람들이 허다해서
공연 생각하기도 벅찬 뇌세포의 일부를 그들에게 할당해야 한다.

셋째, 선물은 가려서.
손님들이 선물을 사오는 건, 마음은 고맙지만 때론 난감할 때도 있다.
상황에 따라 다르긴 하지만, 난감한 선물 리스트는 다음과 같다.
무더운 날 단열 포장되지 않은 아이스크림 케이크
(공연하면서 먹을 수도 없고 이걸 어쩌라고),
부스러기가 많이 떨어지거나 냄새가 심한 음식물
(콘솔은 항상 깨끗해야 한다는 것이 지론이다),
캔음료
(한번 따면 다시 닫을 수 없다. 콘솔에 놔둘 수도 없다. 그렇다면 원샷?).

가장 반가운 손님은 간단하다.
제시간에 와서,
뚜껑이 있는 음료수를 몇 개 건넨 후,
자리 잘 찾아서 앉았다고 문자를 보내고,
공연중에 '이거 완전 재밌어요!'라고 힘을 불어넣어주며,
공연 끝나고는 이런 문자를 남겨주는 사람.
'바쁠 것 같아서 먼저 가요. 다음에 꼭 술 쏠게! 꼭!'

제일 좋은 건, 좋은 피드백을 해주고 술까지 쏘는 예쁜 소개녀.

#009 연애의 적,
전국 투어

공연PD가 되면 꼭 하나 치러야 하는 관문이 있다.
바로 '지방 투어'다.

가족도, 친구도, 애인도 모두 앗아간다는 지방 투어.

예를 들어 부산에서 토, 일 공연을 한다고 치면,
수요일 저녁에는 늦어도 짐을 싸서 내려가야 한다.
목요일 아침 일찍부터 셋업을 시작해야 하기 때문이다.
금요일 밤에 셋업을 마무리하고,
토요일 오후에 리허설과 공연을 끝낸다.
일요일 밤의 공연이 끝나고, 철수가 대충 끝나면
월요일 새벽 시간에 서울로 올라온다.

월요일 오후에 회사에 나와 정산을 끝내고,
화요일 종일 다음 내려갈 지역의 여러 문제들을 정리해놓으면,
수요일. 다시 하행선이다.

조선시대 보따리장수에 견줄 만한,
지방 투어에 딱 걸린 PD 라이프.

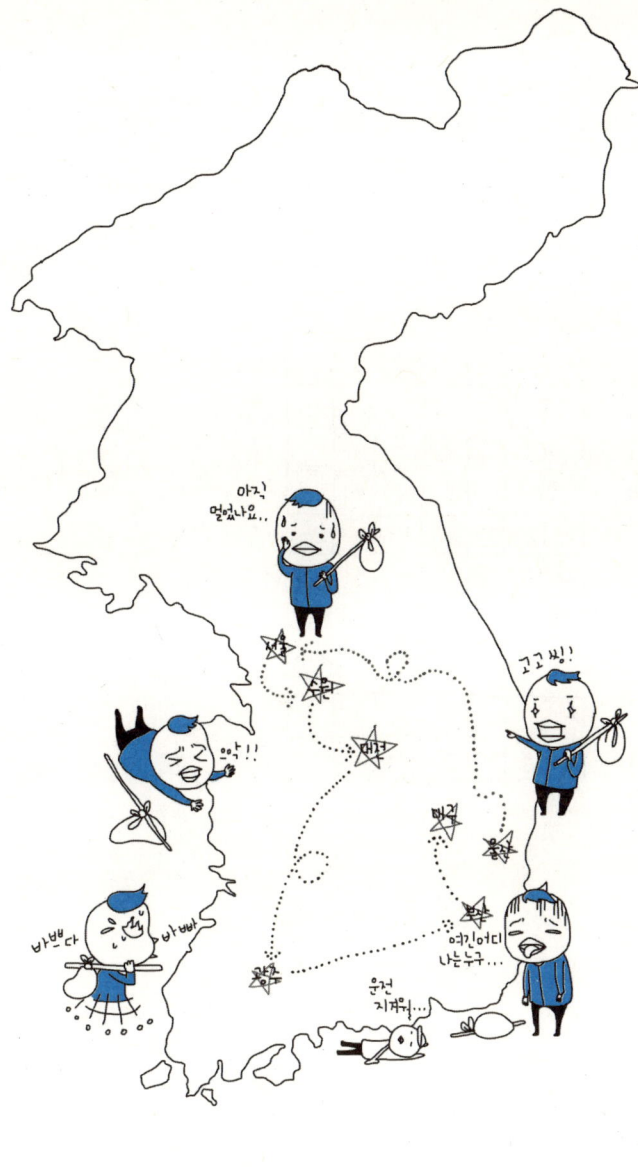

2008년 4월.
지방 투어가 있는 공연을 맡게 된 김PD.

"이봐, 김PD 이번 투어 스케줄이야 좀 빡빡하더라..."

[프로젝트 총괄 팀장님]

"하하,,, 제가 해야 할 일인 걸요"

2008년 5월

月	火	水	木	金	土	日
					3	4	→울산
5	6	7	8	9	10	11	→대전
12	13	14	15	16	17	18	→수원
19	20	21	22	23	24	25	→부산
26	27	28	29	30	31	

어린이날→5
석가탄신일→12

6월

현충일↓

						1
2	3	4	5	6	7	8	→대구

어린이날 = 월요일
석가탄신일 = 월요일
현충일 = 금요일

인간이 너무 게을러질까봐,
신도 10년에 한 번 내릴까 말까 망설이다가
술에 취한 어느 날,
술김에 만들어냈다는 2008년 5~6월의 황금 연휴.
그 세 주에 모두 공연이 잡히다니.

스태프들에게 나는 공공의 적이 되겠구나.

'도대체 지방 관객들은
이 좋은 날씨와 이 좋은 연휴에 왜 어디 여행들 안 가고
굳이 굳이 굳이 공연장에 온다는 걸까.
이래서야 우리나라의 레저산업이 발전할 수 있겠어?
이게 정말 국민소득 2만 불이 넘는 나라 사람들의 문화 수준이야?'

관객들이 미워지기 시작했다.

5월엔 꼭 같이 짧은 여행이라도 가자는 여자친구와의 약속은 어떻게 하지?
세 번이나 있는 연휴를 모두 놓친 이 상황을 어떻게 설명하지?

아아. 난 죽었다.

지방 공연 첫 주

지방 공연 셋째 주

서울 공연 3회.
이어서
울산, 대전, 수원, 부산, 대구 각 2회.

그리고 숨 돌릴 틈도 없이 서울로 와 앙코르 공연.
두 달여 동안 얼굴 본 날이 한 손에 꼽을 수 있는 지경이니,
여자친구가 삐쳐도 단단히 삐쳤다.

어떡하지. 어떡하지.

마지막 공연을 끝내고 모든 스태프가 모인 뒤풀이 자리.
아티스트, 밴드, 안무팀 등등 투어를 함께한 출연진과 어울려
소주잔을 돌리며 그간의 수고를 털어내는 자리.

그러나 여자친구의 화를 풀어야 한다는 부담감은 점점 커진다.

어떡하지.
어떡하지.

김PD, 살다.

#010 작가주의
      연출자

K작가.

80년대, 십대에겐 하나의 '문화'였던 〈별이 빛나는 밤에〉,
그리고 90년대, 현재 심야 음악프로의 기틀이 된 〈이소라의 프러포즈〉.
이런 프로그램들을 맡았던 K작가는,
시쳇말로 '산전수전공중전 다 겪은' 분이다.

2007년 가을, 그와의 미팅을 그의 집에서 가졌다.
요리가 취미인 그는 진수성찬을 준비했다.

마치 큰누나네 오랜만에 놀러 온
군대에서 휴가 나온 막내 동생을 위해 준비한 듯
거하지만 부담스럽지 않은 점심상.

작가로서의 그녀도 비슷하다.
기뻐 날뛰지 않아도, 슬퍼 죽을 듯이 울지 않아도,
사람을 충분히 감동시킬 수 있다는 걸 알게 하는 K작가.

K작가와 함께하는 공연은 관객을 따뜻하게 보듬고,
출연자들이 관객과 따뜻한 소통을 할 수 있도록 만든다.

게다가 그가, 그리고 그의 남편분이 보유한
방 안 세 면을 가득 채운 CD와 DVD는
그의 대책 없는 따뜻함이 무모한 것이 아님을 느끼게 한다.

아날로그가 풍성했던 시절.
아니 아날로그만이 존재했던 시절.
그때의 감성을 찾고 싶을 때는
K작가와 일해야 한다.

최근에는 플로리스트로 일한다는 K작가님!
꽃도 좋지만,
관객들 마음에도 꽃꽂이 한번 하셔야죠.

L작가.

세상에 있는 모든 연애를 묘사하는 재주가 있는 그는
이미 몇 권의 베스트셀러로 유명한 '저작권자'이기도 하다.
인기 라디오 프로 〈푸른밤〉의 작가였던 그는
김PD와 가장 많은 공연을 함께한 작가다.

그녀와의 회의는 곧잘 술자리로 이어진다.
'한 술' 하시는 그와 '말술'하는 PD의 술자리.

밤늦게까지 술잔을 기울이며 하는
서로의 시시콜콜한 얘기처럼,
그는 사랑에 대한 작은 것들을 이야기하게 만든다.

마치 작은 누나가 사랑에 실패한 남동생을
집 앞 포장마차로 불러 다독이는 자리.
그 자리에서 남동생이 풀어놓는 실패담을 들어주고,
자신의 경험을 보태어 해주는 '와 닿는' 충고처럼,

작가로서의 그는 관객들의 사랑이야기를 듣고
그 이야기를 지혜롭게 풀어내는 최고의 작가다.
'디테일의 힘'은 바로 그를 두고 하는 말이다.

01:00 - 소줏집   소주 2병째

06:00 - 소줏집   소주 6병째

PD와 작가, 그 기승전결

콘서트마다 연출자, 혹은 아티스트가 추구하는
여러 가지 구성이 있겠지만,
특히 두 팀 이상의 아티스트가 출연하는 공연이나
단독 콘서트라도 색다른 콘셉트를 가진 공연의 경우에는
구성작가를 섭외해서 함께 일하는 경우가 많다.

작가의 참여도는 그야말로 천차만별이다.
다 짜여진 구성에 멘트만 없는 경우,
선곡 단계부터 참여하는 경우,
아예 첫 큐시트를 연출자와 같이 짜는 경우,
아니면 첫 기획과 캐스팅부터 함께하는 경우도 있다.

기 공연 D - 50
오리PD와 작가, 머리 싸매고 회의.
분위기 좋음.

승 공연 D - 30
오리PD와 작가, 회의하다 지침.
정적 30분째……

그저 '가수가 노래하는 것'이 콘서트가 아니다.
'가수가 노래하는 것'이 콘서트의 정의이기는 하지만,
'밥 한번 먹자'는 약속이 단순히 밥만 먹자는 것이 아니라
'나누고픈 이야기가 있으니 밥이든 술이든 먹으면서 하자'는 뜻인 것처럼
콘서트는 출연자와 연출자가 관객과 나누고 싶은 이야기를
가창, 안무, 연주, 조명과 영상 등 다양한 방법으로
들려주고 보여주는 약속이라고 보는 것이 정확하다.

이러한 흐름의 뿌리를 만드는 일, 혹은 정해진 뿌리에
단단한 줄기와 윤기가 흐르는 잎을
차곡차곡 붙이는 일이 작가의 역할이다.

전 공연 D - 15

오리PD와 작가, 더 열심히 회의.
격렬한 논쟁. 개판된 테이블……

결 공연 D - 0

공연 끝! 하이파이브!

개인적인 생각이지만, 사실 가장 좋은 역할 분담은
연출자가 자신과 꼭 맞는 작가와 일하는 것이고,
그다음으로 좋은 역할 분담은
연출자가 작가의 역할까지 겸하는 것이다.

공연이란, 많은 스태프와 출연자들의 생각이 뒤엉키는 것이라
그 많은 생각을 하나의 흐름 속에 녹여내는 것은 쉬운 일이 아니다.

그렇기 때문에,
백 명의 백 가지 아이디어로 만드는 공연보다는
한 명의 백 가지 아이디어로 만드는 공연이 더 완성도 있어질 확률이 높다.
각본과 감독이 같은 사람인 영화가 더 밀도 있는
영화가 되는 것 - 내 생각이지만 - 과 비슷하다.

그러나 현실적으로 한 명의 연출자가 백 가지 일을 할 수는 없는 일이니,
그나마 한 명의 연출자가 작가 한 명의 몫까지 한다면
그래도 조금 나아지지 않을까 하는 생각에서
요즘에는 최대한 작가 역할까지 소화하려고 노력중이다.

똘똘한 후배가 조연출로서
제작과 연출 파트에서 뒷바라지를 워낙 잘해주는 요즘은,
후배와 함께 - 이 후배의 또다른 꿈은 신춘문예 소설 부문 당선이다 -
작가까지 겸하는 공연이 더 많아졌다.

공연 제목을 짓고, 큐시트와 동선을 짜고, 출연자의 캐릭터를 잡는다.
누가 깝을 치고, 누가 이야기를 끌어가고, 누가 끼어들고,
누가 이야기를 비틀고, 누가 웃기고, 누가 마무리할 것인지까지.
영상에 들어갈 자막, 멘트 때 할 대사의 토씨까지 모두 쓴다.
소리내어 읽어보고, 억양을 생각해보고, 제스처를 해본다.
그래서 우리 팀의 대본에는 시선 방향, 손짓, 억양을 설명한 지문이 많다.
출연자를 만나서 대본 리딩을 따로 하고, 대본상의 그 느낌을 제대로
전달할 수 있도록 꼼꼼한 부분까지 이야기를 나눈다.

이러한 작업의 디테일이란,
그야말로 지네의 다리 숫자를 세는 것만큼이나 징그러운 일이다.

공연 제목, 선곡, 동선, 영상 내용, 대본, 억양……
이 모든 것들이 서로에게 복선, 방아쇠, 기폭제가 된다.
이렇게 해야 두 시간이 넘는 공연이 끈끈한 흐름을 가질 수 있다.

공연 시작 때 영상 자막으로 '여러분께 다가가고 싶다'던 아티스트가
공연 후반부에 실제로 객석에서 등장한다.
개인 무대에서 화려한 검술을 선보인 아이돌 멤버가 퇴장하면
그 멤버가 검술을 연마할 때 겪었던 에피소드를
멤버가 키우는 고양이의 시선으로 이야기하는 브리지 영상이 나온다.
짧은 브리지 영상으로 연인의 헤어진 이야기를 애니메이션으로 보여준 후,
그 영상의 배경음악이 다음 남녀 듀엣곡의 전주로 이어지며,
그 듀엣곡이 흐르는 동안 영상에서는
다시 만난 연인의 애니메이션이 이어진다.

이런 다양한 장치들은, 관객과 출연자에게
'누군가는 공연을 한눈에 꿰뚫고 있으니
관객은 마음 놓고 관람을,
출연자는 마음 놓고 노래를 하면 된다'라는 안정감을 가지게 한다.

마치 자기 전에 펼친 미야베 미유키의 끈끈한 소설에 눈을 맡기면,
어느새 책이 끝났을 때 그제야 아침이 밝아오는 것처럼,
관객들이 마음 놓고 공연에 눈과 귀를 맡기면
어느새 앙코르를 외치고 있는 자신을 그제야 발견하게 하는 일.

그런 쫄깃하고 끈끈한 공연을 만들기 위해서는
지네 다리가 아니라 지네 다리에 달린 솜털의 개수라도 셀 수 있을 법한
디테일에 대한 징그러운 집착이 필요하다.

연출자는 작가가 되어 있는 자신의 도플갱어를 만날 수 없다면,
연출자가 작가를 겸하는 것이 더 좋은 방법이라고 확신한다.

#011 브리지
촬영이야기

두 시간이 훌쩍 넘는,
때때로 세 시간을 넘기기도 하는 공연 구성을 짜다보면
필연적으로 한두 번의 쉬어가는 타이밍이 필요한 경우가 생긴다.

첫번째로는 가수가 옷을 갈아입는 시간이 필요한 경우.
실제로 여자 아이돌 그룹 공연의 경우에는 의상 교체와 함께
헤어와 메이크업까지 수정하다보면 5분도 부족하다.
게다가 핸드마이크가 아닌 헤드셋을 착용하고
인이어 라인까지 정리하려면 백스테이지는 전쟁이다.

두번째로는 가수의 체력 안배를 위한 경우.
혼자 스무 곡 이상의 노래를 계속해서 부른다는 건
체력적으로 쉽지 않은 일이다.

세번째로는 분위기 반전을 위한 경우.
발라드에서 댄스 파트로 넘어갈 때나 그 반대의 순간에는
공연장 내 분위기를 띄우거나 진정시키는 장치가 필요하다.
물론 별 설명 없이 이어 붙이거나
아티스트가 직접 말로 풀 수도 있지만
좀더 매끄럽게 흐름을 연결할 무언가가 필요하다.

이런 쉬어가는 타이밍을 메꾸는 방법으로 가장 흔한 방법이 게스트다.
아티스트가 친한 가수 또는 기획사끼리 친한 경우에,
혹은 신인 가수 홍보를 하자는 의도에서
다른 가수가 한두 곡을 부르게 해서 10분 정도를 버는 방법이다.

물론 게스트는 또하나의 관객 서비스가 될 수 있다.
특히 아티스트와 음악적 동질성이 있거나
실제로 그들의 두터운 친분을 관객들도 알고 있는 경우
관객들도 게스트와 한편이 되어 그 열기를 이어갈 수 있다.

그러나 영 쌩뚱맞은 게스트는 공연장에 찬물을 끼얹기도 한다.
이를테면 남자 아이돌 그룹 공연에 기획사들끼리의 정치적 관계 때문에
아무리 생각해도 연관이 없는 신인 여자 아이돌 그룹을 세우는 경우다.

개인적으로는 아티스트와 어우러지는 무대를 만들 수 있는
게스트가 아니라면 선호하지 않는다.
듀엣곡을 발표한 적이 있어서 같이 부른다든가,
새로운 듀엣곡을 연습해서 같이 부른다든가,
랩 파트를 재미나게 소화해준다든가.
아티스트를 위해 한 몸 바쳐 놀아주는 게스트가 아닌
'그냥' 시간 때우는 게스트는 웬만하면 피하고 싶다.
'때우기' 게스트가 차지한 10분은
'메꿔진' 10분이 아닌 '버려진' 10분이 되기 십상이기 때문이다.

초대한 아티스트나, 불려온 게스트에게도,
또한 보고 있는 관객들에게도 그다지 좋은 선택이 아니다.

냉정한 관객들은 재미없는 게스트 순서에
과감하게 일어나 화장실에 가거나,
나가서 담배를 한 대 피우거나,
매점에 가서 핫바를 물거나 하는데,
이렇게 되면 관객은 공연장이라는 환상의 공간에서 쫓겨나
밝은 형광등이 비추는 현실로 가게 된다.
그 형광등 아래에서,
한 시간 동안 쌓아온 감흥은 반감되기 마련이다.

다시는 하고 싶지 않은 방법이지만,
또다른 방법은 뮤직비디오를 트는 것이다.
사실 이 방법은 성의 없어 보이기 딱 좋은 방법이다.
이어지는 특별한 연출이 없다면,
혹은 최초 공개라는 특별한 의미가 없다면
절대적으로 피하고 싶은 방법이다.

연륜 있는 출연자의 뮤직비디오에 대한 과도한 집착(?)을 끝끝내 꺾지 못하고,
중간에 뮤직비디오를 틀었던 적이 있었다.
결국 깨달은 것은,
라이브 공연에서의-발터 벤야민이 이야기한-'아우라'는
TV와 인터넷으로 언제든지 찾아볼 수 있는 뮤직비디오로는
절대로 만들어낼 수 없다는 사실이었다.

개인적으로 가장 선호하는 방법은 브리지 비디오를 제작하는 것이다.
콘서트 연출이라는 일을 하면서 가장 직접적으로
관객에게 하고 싶은 이야기를 들려주는 방법이기도 하다.

공연의 콘셉트를 기반으로 한 비디오도 좋고,
숨겨져 있던 아티스트의 특성을 잘 보여주는 비디오도 좋고,
다음 순서를 부드럽게 끌어내는 비디오도 좋지만,
가장 좋은 것은 위의 세 조건을 모두 충족시키는 비디오다.
잘 기획되고 제작된 브리지 비디오는
여느 히트곡만큼이나 관객의 몰입을 이끌어내는 강력한 힘이 있다.

제대 직후 공연에 들어갈 비디오 촬영 스튜디오 현장

브리지 비디오를 촬영하다보면 별일이 다 있다.

동물이 등장하는 촬영은 더 어렵다.

잘 만들어진 브리지 영상에는 유머와 진지한 주제가 들어 있다.
그저 진지하기만 한 영상은 아무도 집중해서 봐주지 않으며,
그저 웃기기만 한 영상은 아무도 오랫동안 기억해주지 않는다.

솔로 활동이 많았던 한 아이돌 그룹 공연에서는
홀로 개인 활동이 없던 그룹의 한 멤버를 심층 인터뷰했다.
소외감에 대한 개인적 고뇌를 유머러스하게 각색해 영상으로 풀어낸 다음
그 멤버가 주인공이 되는 정겨운 무대로 연결시켰다.
멤버의 열연과 다른 멤버들의 내레이션이 실제 무대와 이어져
개인적인 고뇌를 팀이 감싸 안을 수 있음을 보여주었다.
개인 활동이 많은 멤버와 전혀 없는 멤버 간의
편 가르기나 불화가 종종 일어나는 다른 아이돌 팀과는 다른,
이 팀의 끈끈한 팀워크를 관객에게 우회적으로 이야기하고 싶었다.

어떤 발라드 아이돌 그룹의 생애 첫 공연에서는
연습생이었던 멤버들이 처음 만났던 순간을 인터뷰했다.
찌질했던 서로의 첫인상이 재기 발랄한 콩트로 이어지고
그들의 데뷔 싱글에 들어 있던 조금 어설펐던 댄스곡으로
다음 무대를 시작했다.
이 곡을 시작으로 발라드가 넘치던 공연에서
열광의 록과 신나는 댄스 히트곡 무대의 물꼬를 틀 수 있었다.
지금은 이들이 여러 히트곡으로 대형 단독 공연을 열 만큼 성장했지만,
어렵고 찌질했던 그때 순간을 잊지 않고
끊임없이 발전하겠다는 멤버들의 의지를 표현하고 싶었다.

영상을 기획하고 원고를 쓰는 과정은 정말이지
서태지가 왜 창작의 고통을 운운했는지 몸소 깨닫는 과정이기도 하다.
짧게는 3분에서 길게는 10분 가까이 되는 시간 동안
수천 관객들이 내 원고로 태어난 영상을 보게 된다는 압박감.
그 시간만큼은 온전히 내가 책임져야 하는 시간이다.

자칫 지루하거나 가볍지 않도록 농도를 조절하고,
아티스트가 너무 심하게 망가지지 않도록 자체 심의를 하고,
가능한 한 하루 안에 다 찍을 수 있도록 내용을 구성한다.

촬영 날은 장소 헌팅부터 촬영 순서와 스케줄 정리는 물론,
소품과 엑스트라역을 할 막내 매니저들을 즉석에서 섭외하고,
나도 배워본 적 없는 연기를 지도해야 한다.
영상감독이 편집한 가편집을 보고 몇 번을 다시 편집한다.

이렇게 만든 브리지 영상이
현장에서 관객들의 깊은 공감과 폭소를 이끌어낼 때,
말주변 없는 가수 때문에 자칫 지루해질 뻔한 공연이
영상 덕에 매끄럽고 풍성해졌다는 이야기를 들을 때는
더할 나위 없이 뿌듯하다.

물론, 여자친구에게 칭찬 들을 때가 제일 좋다.

#012 오늘도 무사히

모든 것이 '라이브'인 라이브 콘서트를 하다보면,
때때로 예기치 못한 사태에 직면하게 된다.

가수의 무선 마이크의 배터리가 다하거나,
허리에 찬 인이어 모니터 수신기가 격렬한 춤에 떨어지거나,
프롬프터용 모니터가 갑자기 고장 나서 출연자의 멘트가 꼬이거나,
똑같은 화약 12발이 나가야 할 타이밍에 11발만 나가거나,
들어가는 타이밍을 헷갈린 밴드가 연주를 안 해 10초간 정적이 흐르거나,
엉뚱한 관객 사연을 읽은 가수와 영상이 다른 내용을 띄우거나,
따라 부르라고 띄워주는 가사가 음악보다 속도가 늦어
모든 관객이 어버버한 허밍을 하는 사태가 벌어지거나,
차가 막혀 늦게 온 게스트 때문에 예정에도 없는 멘트를 하거나,
이 와중에 CD의 트랙을 잘못 적은 게스트의 매니저 때문에
게스트가 엄한 MR을 5초간 멍하니 듣고 있거나,
멋있게 조명을 맞춰놓은 곡에서 출연자가 엉뚱한 위치에 서 있어
출연자의 발끝에만 조명이 비추면서 곡이 끝나버리거나,
의상에 붙인 LED가 고장 나 조용한 노래 때 미친 듯이 번쩍거리거나……

그야말로 셀 수 없이 많은 종류의 자잘한 사고들이
늘 도사리고 있고, 늘 일어나는 곳이 공연장이다.

그렇지만, 이 정도 문제들이라면
그날 뒤풀이에서 한번 웃고 넘길 수 있는 수준이다.
내공 있는 연출자, 스태프, 출연자가 있는 공연장에서는
이 정도 수준의 문제들은 현장에서 그 즉시,
그리고 부드럽게 해결할 수 있기 때문이다.

그러나 비록 빈번하지는 않지만,
내공과 연륜으로도 극복할 수 없는 사태들이
예기치 못한 상황에서 터지기도 한다.

출연자가 하도 뛰는 바람에 무대 바닥이 부서지기도 하고,
저질 포그 머신 때문에 미끄러워진 무대에서 여자 안무팀원이
마치 바나나를 밟은 만화 주인공처럼 자빠지기도 하고,
단 하루 DVD 촬영을 하는 날 최고의 히트곡을 부르던 가수가
흥분한 나머지 마이크를 놓쳐 노래가 끊기기도 하고,
옷 갈아입는 동안 틈 브리지 영상에서 소리가 안 나오기도 하고,
야외 공연에서 발라드 부르던 출연자의 입에 큼지막한 곤충이 들어가
초대형 사례가 들어 황급히 올라온 게스트가 40분을 때우기도 하고,
엄동설한에 서 있던 발전차가 퍼져버리는 바람에
공연장에 음향과 영상이 안 나오는 상황이 벌어지기도 한다.

나중에 3년에서 5년 정도는 너끈히 얘기할 술안주 같은 이야기지만,
당시엔 3개월 시한부를 선고받은 충격과 동급인 이야기들.

2002년, 무대감독이던 오리PD

그 순간
관객도, 출연자도, 나도 손을 들고 있었다.
즐기는 자, 불안한 자, 힘든 자의 손.

무대팀 목수 아저씨가 부랴부랴 뛰어 오기까지의 10분이
왜 그렇게 길었는지.

그날 이후,
공연 전에 반드시 무대를 내 발로 구.석.구.석. 밟아보는 습관이 생겼다.

2009년, 톱스타였던 여가수와 중국 공연을 갔다.

원래 까다롭기로 유명한 출연자라,
공연 준비는 물론이며,
항공부터 숙박, 식사, 차량까지 완벽하게 준비, 또 준비.
다행히 리허설까지 무난하게 마치고
본공연이 시작되었다.

콘솔에서 보기에 별 문제없이 공연이 끝나고
스태프들끼리 뒤풀이를 갔다.
그런데 매니저를 통해 각종 항의가 쏟아졌다.

제아무리 날고 기는 연출자라 하더라도,
출연자가 격렬한 안무중에 깨물어버리는 혀까지
어찌할 수는 없는 법.

2008년 봄, 전국 투어중.

투어가 회를 거듭하다보면,
공연이 전반적으로 안정되면서
스태프들의 긴장이 살짝 풀리기도 한다.

모든 촬영물에 오디오가 제대로 입혀져 있는지를
리허설 때 꼭꼭 확인하다가,
'매주 잘 나왔는데, 이번 주도 별문제 없겠지' 하는 마음에
확인을 하지 않았던 바로 그날.

마치 '이건 시험에 안 나오겠지' 하는 내용은
꼭 시험에 나와서 틀리게 되는 것처럼,
그날 영상에서 오디오가 나오지 않았다.

그것도, 최악의 타이밍에서.

그것은 진정 대형사고였다.

다른 영상물에는 멀쩡히 잘 나오던 사운드가
하필이면, 정말이지 하필이면
출연자가 옷 갈아입는 시간을 메꾸는
7분짜리 브리지 비디오에서 에러가 날 줄이야.

영상을 내렸다가, 다시 처음부터 플레이를 시도했다.
역시나 사운드는 나오지 않았다.

무대에는 아무도 없었고,
입만 뻥긋대는 영상에 관객들은 웅성댔고,
영상감독은 당황해서 울상을 짓고 있었고,
모든 스태프들은 나만 쳐다보고 있었다.

그 순간은, 공연을 책임진 프로듀서이자 연출자로서 느끼는
진정한 '절대 고독'의 순간이었다.

유일한 해결 방법이라고는
옷 갈아입으러 들어간 출연자를 불러내는 것이었다.

무대감독을 통해 긴급 상황임을 알게 된 출연자는
바지 지퍼를 올리면서,
구두를 신으면서,
셔츠의 단추를 잠그면서,
인이어 모니터를 귀에 꽂으면서,
재킷에 왼팔을 넣으면서 뛰어나와야 했다.

다행히 말 잘하는 출연자가 부드럽게 상황을 풀어냈고,
공연은 계속되었다.

그때 왜 하필 그 영상에서만 오디오가 나오지 않았는지는
여전히 미스터리로 남아 있다.

공연에서 사고를 줄이기 위해 할 수 있는
가장 효과적인 방법은
리허설을 리얼하게 하는 것이다.
'연습은 실전같이, 실전은 연습같이'라는 격언은
비단 스포츠에만 적용되는 것은 아니다.
공연이 잘 되기 위해서는
연습인 리허설을 실전인 공연처럼 해야 한다.

마치, 예쁜 여자와의 가슴 떨리는 첫 데이트를 앞두고
미리 계획한 데이트 코스대로 걸어보고, 지하철을 타보고,
레스토랑의 메뉴를 먹어보는 남자의 꼼꼼함은
사고 없이 완벽한 데이트를 완성시키는 것처럼,
연출자의 꼼꼼한 리허설은 완벽한 공연을 만들 수 있다.

다른 점이라면,
완벽한 데이트를 마친 남자는 뜨거운 키스를 받지만,
완벽한 공연을 마친 연출자는 뜨거운 감동을 준다는 점이다.

#013   카메라와의
         전쟁

기억이 좋은 사람에게는 해당 사항이 없을지 모르지만,
어느 카메라 회사의 카피처럼, 기록은 기억을 지배한다.
최소한 기억에 대한 부연 설명,
기억을 불러일으키는 방아쇠의 역할은 한다.

집 안 구석 어딘가에 처박혀 있다가
이사를 앞두고 짐 꾸리기 바쁜 날이나
기말고사를 앞두고 밤샘을 계획한 늦은 밤 튀어나오는
흐릿해진 어릴 적 사진은 순간 컬러감 좋은 기억으로 되살아난다.
외장하드 어느 구석 폴더에 저장된 사진은
옛 연인과의 따사로웠던 한때를 고스란히 되살린다.

좀 있는 집이라면 손바닥만한 Full HD 캠코더나 DSLR을,
사진에 조금이라도 관심이 있다면 똑딱이 디카 하나를,
그도 아니면 휴대전화 카메라라도 가지고 있는 세상.
휴대전화 보급률과 정확히 일치하는 카메라 보급률의 힘은
공연장에서도 여지없이 나타난다.

아무리 막아내도, 결국 다수의 관객이 승리한다.
온몸을 울리도록 쏟아지는 사운드 속에서,
촬영을 저지하는 진행 스태프의 애처로운 육성은 묻히기 일쑤.
진행 스태프의 접근이 용이한 통로 쪽 관객들의 일부는
–그들의 표현에 따르면– '재수없게' 걸려들기도 하지만,
결국 이 싸움은 공연 전반부에 이미 콜드게임으로 끝난다.

사실 관객이 공연 사진을 찍는 것은
출연자의 초상권이나 공연물의 저작권을 침해하는 행위이다.
촬영한 관객이 실제로 법의 처벌을 받았다는 이야기는
여지껏 듣지 못했지만, 어쨌든 잘못된 일이긴 하다.

공연중 촬영을 방지하기 위해 스태프들도 안간힘을 쓴다.
예매처 홈페이지에 안내문에도 글귀를 넣고,
티켓 뒷면에도 작은 글씨로 인쇄를 하고,
공연장 여기저기에도 안내문을 붙이고,
공연 전에 안내방송을 하기도 하고,
걸리면 데이터를 지우고 퇴장 조치한다는 경고도 하고,
공연 전 인트로 영상으로 애교 섞인 협박을 하기도 한다.

그리고,
정도의 차이가 있을지언정 모두 실패한다.

실질적으로, 입장하는 모든 관객의 소지품을 검사하거나
-실제로 어느 아이돌의 공연에서처럼-
강제적으로 보관시키지 않는 이상, 관객의 촬영은 계속될 것이다.

한 관객이 촬영을 시도하면,
현장 운영 스태프는 찍는 사람을 제지하기 위해
뛰거나, 손짓하거나, 큰소리로 부른다.
이런 일련의 스태프의 임무 수행은
안타깝지만 필연적으로 다른 관객의 관람을 방해한다.
실제로 공연 후기를 읽어보면
너무 적극적으로 다른 사람의 촬영을 제지하는 스태프 때문에
애꿎은 자기가 피해를 봤다는 항의가 종종 올라온다.

공연 심리학에 '기침 효과'라는 것이 있다.
조용한 클래식 콘서트나 연극 공연장에서
관객 중 한 명이 기침을 하면
그 기침이 동심원 형태로 전염된다는 것이다.
멀쩡하던 사람도 남이 기침을 하면
왠지 나도 헛기침을 하고 싶어지기 때문이다.

촬영도 마찬가지다.
누군가 카메라를 들이대면
주위의 관객들도 촬영을 하고픈 욕구에 사로잡힌다.
'쟤는 찍어서 남기는데…… 나도 찍어놓고 나중에 봐야지……' 하는
심리가 발동하는 것이다.
그리고 시끄러운 공연장과 힘없어 보이는 진행요원,
과도한 진압까지는 시도하지 않는 현장 분위기,
제대로 처벌받은 전례가 없다는 점 등은
이러한 심리를 더욱더 부추긴다.

어차피 현실적으로 촬영을 제지할 수 있는 방법이 없기에,
나는 다른 방법을 고안했다.
차라리 한 곡에서는 마음껏 찍으라고 관객을 부추기는 것이다.

어느 여름 공연.
'제가 매년 가을 공연 때 불렀던 가을 노래인데,
올해와 내년 가을에는 제가 없을 테니,
지금 모두 찍어두세요. 그리고 기억하세요.'

⟨When October Goes⟩라는 가을에 어울리는 노래.
그 4분여 동안 6천 개의 카메라가 작동하고 있었다.
6천 개의 앵글이 한 명을 향한 모습,
모두 숨을 죽이고 녹화하는 모습은 색다른 장관이었다.

이건 관객을 위한 하나의 소소한 이벤트이기도 했지만,
한 곡을 자신의 카메라에 온전히 담아낸 관객들이
남은 공연 시간 동안만큼은 촬영의 유혹에서 벗어나
오직 관람에 집중할 수 있는 환경을 만들고 싶은
연출자로서의 의도이기도 했다.

그리고,
이 방법 역시, 처참하게, 실패했다.

#014 앙코르의
 법칙

모든 걸 쏟아부은 듯한 열정적인 본공연이 끝난 후,
칠흑 같은 암전 속에서 이어지는 관객의 박수와 함성.
콘서트에서 빠질 수 없는 것 중에 하나, 앙코르다.

공연이 끝난 후 파김치가 되어 내려온 아티스트가
관객의 간곡한 요청에 마음을 돌려 다시 무대 위로 올라간다.
그리고 평소 레퍼토리 중에 한두 곡을 추가로 공연하고,
마침내 더 큰 호응을 이끌어내며
성대하게 공연을 마치는 훈훈한 장면.
아쉽지만 이런 장면은 국내 콘서트에는 거의 없다.

관객들도 아티스트도 앙코르의 존재를 당연한 것처럼 여기기 때문이다.
출연자가 무대 뒤로 사라졌다고 해서
공연이 끝났다고 믿는 순진한 관객들도 거의 없거니와,
오늘은 앙코르가 나오지 않을 테니
얼른 뒤풀이나 가야겠다고 생각하는 멍청한 아티스트도 없다.

공연을 뜸하게 보는 관객에겐
지난 공연에서 앙코르를 했다는 기억이 남아 있지 않다.
따라서 이번 공연이 적당한 만족 혹은 그 이상을 주었다면
공연을 좀더 즐기고 싶은 마음과 약간의 본전 생각,
그리고 약간의 군중심리가 더해져 목청껏 앙코르를 청하게 된다.

공연을 자주 다니는 관객들에게 앙코르는 학습 효과로 남아 있다.
어차피 공연 순서는 앙코르까지 포함되어 짜여 있고,
내가 굳이 목 아프게 외치지 않아도
주위 사람들의 목소리만으로도 앙코르 순서는 몇 분 후에
마치 이런 반응에 놀랐다는 듯이 시치미를 떼고
자연스럽게 시작할 것이란 걸 알고 있는 것이다.
그렇지만 혹시라도 만에 하나 앙코르를 안 할지도 모른다는
막연한 불안감 때문에 적당한 목소리로 앙코르를 연호하기는 한다.

결론적으로, 앙코르는 어찌 됐든 하게 되어 있다.
다만, 두 부류의 관객이 공존하는 공연장에서
앙코르를 기다리는 잠시의 암전이 얼마나 뜨겁고 진정성이 느껴지느냐는
앙코르까지의 본공연이 얼마나 관객에게 만족스러웠느냐에 달렸다.

현장에서 가장 좋은 흐름은
본공연이 관객에게 만족스럽게 잘 끝나고,
아티스트가 본공연을 마치고 퇴장하자마자
관객들이 큰소리로 앙코르를 끊임없이 외치면,
몇 분 후 아티스트가 마지못한다는 듯한 미소를 지으며 나오고
관객들은 기꺼이 더 큰 호응으로 그를 맞이하는 것이다.

이런 최선의 흐름을 이끌어내기 위한 첫걸음은
본공연이 끝난 것이라는 것을 명확하게 관객들에게 인식시키는 것이다.
그래서 나는 아티스트에게 본공연을 마치기 전 관객들에게
이번 곡이 마지막 곡임을 꼭 얘기하라고 한다.

'오늘 너무 즐거웠고, 와주셔서 감사하고, 이번 곡이 마지막입니다'라는
멘트를 하고 마지막 곡을 부른 후 맞이하는 앙코르 대기 암전은
그냥 마지막 곡을 부른 후 맞이하는 앙코르의 암전과 다르다.
그것도 아주, 많이.

이 애매하고 뻘쭘한 상황은,
보통 객석 앞쪽에 앉은
소수의 기민하고 영민한 관객 몇 명이 앙코르를 선창하고
나머지 관객이 슬금슬금 따라하고 나서야 종료된다.

거의 모든 공연에서 아티스트와 스태프 사이에는
몇 곡의 앙코르가 미리 정해져 있다.
많은 관객들도 당연히 앙코르가 있을 것이라고 기대한다.
적당히 없는 척하고, 적당히 모른 척해주는 것이
앙코르에 대한 미덕인 것이다.

아티스트가 무대 위에서 직접
'마지막 곡입니다. 그렇지만 앙코르 준비했으니…… 아시죠?'라거나
'마지막 곡이긴 한데…… 여러분이 더 원하신다면……' 등의
적나라한 표현을 하는 것은 촌스러워 보인다.
이런 표현은 콘서트를 처음 해보는 아티스트가 많이 한다.
그들은 불안한 것이다, 앙코르가 안 나올까봐.

가장 좋은 방법은, 본공연 마지막 곡을 하기 전에
관객에게 짧고 굵게 '마지막 곡'임을 알려주는 것이다.
관객의 아쉽다는 표현이 끝나기도 전에
마지막 곡의 전주가 시작되어야 그 기대감은 극대화된다.

가끔은 예기치 않은 방향으로 흘러가버리는 앙코르도 있다.

흥행에 참패하고 초대권이 엄청나게 뿌려졌던 연말 공연.
본공연이 끝나고 앙코르를 기다리는 암전이 시작되자
연말 교통대란을 의식한 초대권 관객들이 무자비하게 일어났다.
그들의 안전한 퇴장을 위해 객석등을 밝혀줄 수밖에 없는 상황.
이윽고 시작된 앙코르, 3분 만에 반의 반으로 줄어버린 객석을 향해
앙코르를 불러야 하는 아티스트의 얼굴에는 실망감이 역력했다.

또다른 경우,
'마지막 곡'이라는 얘길하지 않고 끝나버린 본공연.
신인 아이돌의 첫 공연인 만큼 어린이와 청소년 관객이 많았는데,
이 어린 관객들은 앙코르의 개념을 잘 모르고 있었나보다.
장내엔 어색한 침묵이, 내 등짝엔 진땀이 흘렀다.
결국 극소수의 앙코르 선창자를 응원하기 위해
객석등을 연호의 박자에 맞춰 밝혀주는 방법까지 동원해서야
관객의 앙코르 합창을 이끌어낼 수 있었다.

이런 앙코르도 있었다.

아티스트의 제대 후 첫 공연. 앙코르 공연까지 끝났다

앙코르까지 끝나도 누구 하나 자리를 뜨지 않고, 한번 더 청하는 모습.
몇 년에 한 번 나오는 진풍경에 나도 스태프도 당황했고,
얼떨결에 올라온 가수는 준비되지 않은 앙코르를 불러야 했지만
그날 모두의 마음에는 깊은 울림이 있었다.

#015 # 관객 참여
미션

'공평할 公'에 '펼 演'을 쓰는 '공연'이라는 단어.
'공평하게 펼친다'라는 이 단어의 정의에서,
'공평함'의 대상은 모든 관객이라고 생각하기 쉽다.
그러나 그 대상은 관객뿐만이 아닌 출연자까지 포함해야 옳다.

출연자의 연기, 가창, 안무와 같은 퍼포먼스가
관객에게 만족과 흥분 등 여러 종류의 감정이입을 유발하고,
관객은 박수와 함성, 또는 텔레파시로 감정을 발현하면 이것이
출연자를 다시 자극해서 더 진심 어린 퍼포먼스를 유발하게 되는 식의
감정의 상호작용이 있어야만 비로소 성공한 공연이 된다.

이런 식으로 관객과 출연자가 서로를 자극하고
앞서거니 뒤서거니 하며 감정의 수준을 공평하게 상향평준화시키는 것.
이것이 내가 아는 한에서의 '성공한 공연'의 정의이다.

연극, 뮤지컬, 발레, 무용, 클래식 콘서트 등
다른 장르의 공연에 비하면 대중음악 콘서트는 공연 시간 내내
출연자와 관객의 교류가 아주 가시적이고 가청적이다.

가수는 끊임없이 노래하고 말을 걸며 관객의 마음을 연다.
애끓는 발라드로 눈물샘을 자극하다가
어느새 여장을 마다 않고 격렬한 댄스를 춘다.
히트곡에서 마이크를 객석에 넘기면
관객은 기꺼이 목청껏 함께 부른다.
돌출로 나가 관객에게 물총을 쏘면
관객은 생수병에 든 물을 같이 뿌려대며 응수한다.

물론, 모든 대중음악 공연이 이런 것은 아니다.
가끔은 그저 비싼 돈을 내고도 TV를 보고 있는 듯한 콘서트도 있다.
가수는 매번 방송에서 보던 노래와 춤만 보이고
멘트도 틀에 박힌 이야기만 하는 콘서트.

이런 경우, 여자친구에게 끌려온 남자 관객에게는
비싼 티켓을 사서 들어온 공연장이
엄청난 양의 빛과 소리 속에서 잠을 청하는 극기훈련장이 된다.

그래서 대중음악 콘서트의 출연자와 연출자는
관객을 공연 안으로 끌어들이려 무던히 노력한다.

공연마다, 연출자마다, 아티스트마다 그 방법과 수준은 다르지만,
어떤 공연, 어떤 연출자, 어떤 아티스트라도
관객이 공연에 참여해주길 바라는 마음은 같다.

공연에 관객을 참여시키는 방법은 여러 가지가 있다.
직접적인 방법으로 즉각적인 반응을 얻는 방법에는
가수가 토크를 열심히 해서 교감을 하는 방법도 있고,
작은 이벤트를 열어서 몇 명에게 선물을 주거나,
즉석에서 커플에게 청혼이나 고백할 기회를 줄 수도 있다.

좀더 자연스러운 방법 중에 많이 쓰이는 방법은
히트곡을 부를 때 가사를 영상으로 띄워주는 것이다.
골수팬들이야 이미 가사를 다 외웠겠지만,
노래방에서 몇 번 불러본 게 다일 수도 있는 일반 관객 입장에서는
노래를 따라 부르며 왠지 '나도 공연에 빠져들고 있다'는 느낌을 준다.

나 역시 십대 때 좋아하는 가수의 콘서트에 가면
가수와 혼연일체가 되어 목이 쉬도록 노래를 따라 부르고,
손이 얼얼해질 만큼 박수를 치고,
때론 옆 사람이 공연 내내 너무 크게 따라 부르는 바람에
짜증이 났던 기억이 있다.
노래방 문화에 익숙해져 후렴구도 외울까 말까 하는
요즘의 관객들에게 내가 느꼈던 그 기분을 느끼게 해주고 싶다.

인간의 육성으로, 그것도 수백 수천 명이 함께 부르는 노래는
때론 무한한 감정의 파고를 일으킨다.
사람의 목소리가 최고의 악기라고 하는 이유는
사람의 감정을 가장 직접적으로 전달할 수 있기 때문이 아닐까.

입대를 3일 앞둔 남자 가수의 공연에서 이 방법을 좀 특별하게 쓴 적이 있다.
애써 쿨한 척 했지만, 입대를 앞둔 출연자의 아쉬움과 안타까움이
절절히 묻어나던 초여름의 대형 야외 공연장.
때마침 비도 조금씩 뿌려 출연자도 관객도 무척이나 심란하던 공연.

공연 일주일 전, 미리 출연자의 친한 연예인에게 영상을 따왔고,
공연이 시작되기 직전 이 영상으로 관객에게 미션을 던졌다.
출연자를 제외한 모든 사람들이 알게 된 미션.
그 미션은 영원히 기억에 남을 순간을 만들어낸다.

미션은 아주 단순했다.

공연이 거의 끝나갈 무렵,
출연자가 그의 최대 히트곡을 부르는 도중이었다.

감정이 절정에 이르는 2절 마지막 사비에 들어갈 때,
가수의 마이크를 포함한 모든 음향을 끄고,
조명도 가수에게 가는 핀을 빼고는 모두 꺼버렸다.
영상에는 검은 바탕에 담담한 폰트의 흰색 가사가 떠 있었다.

기계가 만들어내는 소리는 없었고,
기계가 만들어내는 조명은 가수를 비추는 단 한 줄기뿐이었다.
가수를 제외한 관객과 스태프, 연주자들 모두와 짜고 하는 미션이었다.

순간적으로 공연 사고가 난 줄 착각한 출연자는
적잖이 당황한 모습이었다.
하긴, 입대 전 마지막 콘서트에서 부르는 최대 히트곡에서
일어난 초대형 사고라니. 그럴 만도 했다.

곧 이 상황이 연출임을 알아챈 출연자는
7천 관객의 합창을 묵묵히 듣고 있었다.

그 1분 30초.

사람의 목소리 외에는 아무것도 없었지만,
사람의 목소리 외에는 아무것도 필요가 없었다.

마치 히말라야 꼭대기에서부터 몸집을 불리며 굴러오는 눈덩이처럼,
계단식 객석의 꼭대기에서부터 밀려 내려오는 사람의 목소리.
끝까지 쿨한 척, 괜찮다며, 금방 다녀오겠다던 출연자는
돌출 무대의 끝, 7천 관객의 한가운데에서
그야말로 빗물인지 눈물인지 모를 감격의 한 방울을 떨어뜨렸다.

#016 관객 참여
소품

2년 후, 그 출연자의 제대 후 첫 공연을 앞두고,
어떻게 하면 관객이 공연에 보다 깊게
몰입하게 할 수 있을지에 대한 고민에 빠졌다.
이번에 대관된 공연장이 외적인 환경으로는
관객의 집중력을 떨어뜨리기 딱 좋은 조건이었기 때문이다.

2년 전의 공연장이었던 연세대학교 노천극장은
관객석의 대부분이 계단식으로 되어 있어
관객이 무대를 내려다보는 구조였다.
아주 사이드 블록이 아니라면 시야 장애가 거의 없었고,
게다가 공연장 주위가 숲으로 대부분 둘러싸여 있어
무대에 대한 관객의 몰입도가 자연스레 높은 곳이었다.
간간이 내린 비와 늦게 지는 해를 제외하면
6월 말의 여름밤은 춥지도 덥지도 않은,
야외 공연 관람에 최적의 시기이기도 했다.

그리고, 단 1회 공연만 했던 데다가
그마저도 일찌감치 매진이 되었기 때문에
대부분의 관객은 출연자의 팬이거나
공연에 지대한 관심을 가지고 예매한 사람들이었다.

결론적으로, 전반적인 환경이
관객이 자연스럽게 무대에 집중할 수 있는 분위기였다.

그에 비해, 이번 공연의 환경은 그다지 좋지 않다.

이번에 공연을 치러야 할 용산 전쟁기념관 평화의 광장은
기본적으로 평지에 모든 객석이 있는 야외 공연장이다.
무대부터 맨 뒤 객석까지는 무려 70미터,
평지에 길게 깔린 객석의 특성상
앞사람 머리에 살짝살짝 가리는 어쩔 수 없는 시야 장애도 일어난다.
주위에는 아파트와 국방부 건물이 서 있고,
10월 중순 늦은 밤에는 한기마저 느껴졌다.

게다가 3회 동안 총 관객수는 2년 전의 약 3배.
이러한 환경에서 집중력을 곧잘 잃어버릴,
팬이 아닌 관객들도 많이 들어올 것이 뻔히 예상되었다.

3회 총 15,000명을 훌쩍 넘는 관객에게
과감히 소품 3종 세트를 나눠주기로 했다.
1인당 티라이트 양초와 양초 홀더, 비눗방울, 풍선,
이것들을 개별 포장할 포장 비닐까지 각각 15,000개.
그리고 10명에 한 명꼴로 초를 켤 라이터까지.

총 6개 품목을 최대한 싸게 구입하기 위해
밤에는 인터넷 상거래 사이트를 이 잡듯 뒤지고
낮에는 직접 전화로 물량을 확인하는 작업이 시작되었다.

요건은 가격 경쟁력과 물량 조달 능력.
아니나 다를까, 물량이 있는 곳은 가격이 비싸고,
가격이 싼 곳은 물량이 모자라는 상황이 벌어졌다.

3일 밤낮의 인터넷 서핑과 100여 통의 통화 끝에
가격도 싸고 대량 납품도 가능한 최종 업체들을 선정,
공연 3일 전까지 현장으로 배송을 약속받았다.

공연 2일 전.

그날 밤 한구석에서는 산처럼 쌓인 박스들 틈에서
아르바이트하는 친구들이 하나하나 비닐 포장을 하기 시작했다.

'이 일을 벌인 사람이 저예요. 수고스럽겠지만,
뭐 하나 빠지지 않게 예쁘게 포장해주세요!'라고 하고 싶었지만,
그 용기는 학교 앞 냉면집 옆 테이블의
예쁜 여학생에게 연락처를 묻는 용기보다 훨씬 큰 것이었다.

첫번째. 티라이트 양초. 그리고 양초 홀더와 라이터.

어릴 적 수학여행의 백미는 마지막 캠프파이어였다.
'나는 개똥벌레~'와 '모닥불 피워놓고~'로 시작한
레크리에이션이 끝나고 모두 둘러앉아 종이컵에 끼운 양초를 들면,
방금 전까지 흥을 돋우던 강사가 갑자기 낮게 깔린 목소리로
부모님 얘기를 꺼내고, 이내 눈물바다가 되었던 기억.
그날 밤 줄이 길었던 공중전화.

내가 생각한 초의 심상은 그런 것이었다.
따뜻해진 마음을 차분하게 내려놓게 하는 힘,

초등학교 5학년 수학여행의 마지막 밤

〈오, 사랑〉이라는 노래.
어쿠스틱 기타가 깔리는 조용하고 아늑한 곡.

가수는 마치 양초 홀더와 같은 재질처럼 보이는
투명 아크릴 박스를 돌출 무대 한가운데 놓고 앉았고,
관객의 티라이트와 똑같이 생긴 양초가 영상에 뜨고,
단순한 조명으로 잡은 고즈넉한 분위기 속에
모든 관객이 500원짜리 동전만한 작은 티라이트에 불을 붙였다.

10명에 한 명꼴로 나누어진 라이터를 통해
라이터에서 양초로, 또는 양초에서 양초로
생면부지의 관객끼리 따스한 온기를 나누는 모습.

불을 붙인 관객들은, 그 곡이 끝날 때까지
다시 무대 위 가수를 보지 않았다.
대신 자기 손에 들려진 따스함을 즐기고 있었다.

두번째. 비눗방울.

구슬, 딱지, 팽이, 공기, 비눗방울, 종이 접기……
어릴 적 놀이 도구 중에 하나를 써보자는 생각이 들었다.

중학교를 졸업한 이후로는 내 손으로 만져보지 못한 것들.
어른이 된 지금, 한 번쯤은 다시 해보고 싶은 것들.
그러나 문방구에 찾아 들어갈 시간도 여유도 없는
어른이 되어버린 관객들.

비눗방울을 불면서 관객들이 느껴보길 바랐던 것은 동심이었다.
이런 기회에 누군가 사다 손에 쥐어주지 않으면,
본인이 아기를 낳고 그 아기가 비눗방울 놀이를 할 만큼 크기 전에는
절대로 만져볼 수 없는 비눗방울 같은 것.

그때가 되면 애가 비눗물을 먹지 않을까 걱정하느라
동심 따위는 느끼지 못하게 되어버릴지도 모르지만.

좋을 텐데…….

이 가사를 들으면 영화 〈아홉 살 인생〉의
남자 꼬마 주인공 '여민'이 생각났다.
이 곡의 쉬운 멜로디와 직접적이고 조금은 유치한 가사는
마치 초딩 녀석들의 사랑싸움 같았기 때문이다.

무대 앞에 설치된 버블 머신은 전주가 시작하기도 전부터
비눗방울을 하늘로 날려대며 분위기를 잡았다.
관객들은 전주 동안 잠시 부스럭대며 비눗방울을 꺼냈고,
이십 년, 혹은 삼십 년 전으로 돌아가기 시작했다.

비눗방울을 불다가도 따라 부르고,
따라 부르다가도 비눗방울을 불고.
객석은 온통 비눗방울로 덮였다.

공연 2일 전, 테스트 시간

세번째. 보라색 풍선.

발라드 가수의 공연에 온 관객들은 과연 발라드를 즐길 줄 안다.
그렇다고 해도 세 시간 내내 발라드만 부르는 단조로운 공연은
부르는 출연자도, 만드는 스태프도, 그리고 듣는 관객에게도 부담스럽게 다가온다.
그래서 발라드 가수도 다 같이 일어나 뛰는 순서를 하게 된다.

문제는 이때 발생한다.
꽤 많은 발라드 공연 관객들이 '이럴 땐 어떻게 해야 되는 거야'라는 표정으로
무릎과 팔꿈치로 어정쩡하게 리듬을 타고 있다.

이 문제를 획기적으로 개선한 것이 바로 야광봉이다.
공연장 주변의 노점이나 기념품 부스에서 판매하는 야광봉은
야광봉 소비자의 상체에 자유를 부여했다.

그러나, 야광봉은 이미 비싼 티켓을 구입한 관객에게
또 한번 경제적 부담을 안겨주기에, 전형적인 아이돌 공연이 아닌 이상
야광봉을 사는 관객은 절대 반을 넘지 않는다.
그래서 준비한 것이 바로 풍선이다.
누구나 불어보았고 흔들어보았을 법한 아이템.
이 풍선을 관객들에게 쥐어줌으로써,
관객의 '같이 소리지르고 뛸 의지'를 크게 북돋을 수 있었다.

코믹하게, 예비군복을 입고 아이돌 가수의 패러디 뮤직비디오를 찍었다.
전체 2분 40초의 러닝타임.
웃음이 잦아들던 2분쯤, 뮤직비디오 아래로 자막이 흐른다.

"풍선을 불어주세요! 정말 아이돌 가수가 나온 것처럼 흔들어주세요. 제발요."
사람들은 웃으면서 풍선을 불기 시작했다.

40초 후, 출연자가 댄스곡을 부르며 등장했을 때 이미 객석은
진짜 아이돌 가수 부럽지 않을 만큼 보라색 풍선으로 가득했다.
게다가 흔들리는 풍선의 그 요란한 움직임은
역설적으로 흔드는 관객을 더 흥분시켰다. 마치 왝더독 현상처럼.

개당 50원짜리 풍선이 없었다면,
여자친구에게 마지못해 끌려온 B석 남자 관객은
댄스곡이 연달아 나오는 15분여 동안
어정쩡하게 팔짱을 끼고 고개만 까딱까딱하고 있다가
여자친구에게 "오빠는 별로 재미없어?"라는 핀잔만 받았을 것이다.
아마도.

관객을 콘서트에 끌어들이는 일은
연출자가 끝없이 고민해야 할 숙제 중에 하나다.

가사 영상, 초, 비눗방울, 풍선.
이런 시도를 할 때는 항상 반대론이 있기 마련이다.

히트곡은 관객이 아닌 가수가 불러야 한다는 의견,
초를 꺼내고 켤 때 분위기가 흐트러질 거라는 의견,
비눗방울 때문에 무대가 미끄러워질 거라는 의견,
앞사람이 든 풍선 때문에 무대가 잘 안 보일 거라는 의견.

모두 일리가 있는 의견이다.

그렇지만, 궁극적으로 기본 잣대는 관객을 기준으로 해야 한다.
관객이 더 감동을 받고, 더 즐거워하고, 더 흥분할 수 있다면
연출자는 과감히 결정해야 한다.

믿음과 소망과 사랑 중에 사랑이 제일이듯이,
출연자와 스태프와 관객 중에는 관객이 제일이기 때문이다.

공연 2주 후 어느 늦은 밤

감사합니다, 여러분. 여러분은 저의 힘!...
자뻑중
공연후기
★★★★★
완전대박!!
★★★★★
○○ 오빠 최고!
★★★★★
엄청 재미난 공연!
쳇, 모두 같은 느낌을 받을 수는 없는 거니까!
맥주나 먹자...
공연후기
★★★★☆
다 좋았는데, 이건 좀 안좋았고...
★★★★☆
어쩌구 저쩌구...
켁!
공연후기
★★★★★
양초 할 때 촛불 시위 같아요. 나도 광우병은 싫은데...
. . .

#017 공연인 듯 아닌 듯
군악대

사과 농사를 짓는 농부도 밭 한 켠에서 배 농사를 짓기도 하고,
정통 개그 프로그램만 보는 사람이 가끔 시트콤을 보기도 하듯이,
콘서트를 하는 사람도 비슷하지만 다른 일을 하기도 한다.

가수의 정식 콘서트는 아니지만, 콘서트처럼 보이게 하는 일.
이른바 '행사', 혹은 '이벤트'라고 불리는 일들이 있다.

예를 들면,
대기업이 고객들을 초청하기 위해 만드는 콘서트 같은 행사,
가수가 모델인 신차를 발표하는 콘서트 같은 행사,
국가 행사의 전야제로 하는 콘서트 같은 행사,
팬클럽만을 대상으로 하는 콘서트 같은 팬미팅 행사,
유명 가수의 생일 파티 같은 행사 등등등.

하필이면 제일 바쁜 12월에,
심지어는 이런 일도 있었다.

11월, 입대 전 투어를 같이 했던 가수가 찾아왔다

가수들이 입대를 하면 많이 가는 곳 중에 하나가 군악대다.
그들이 사회에서 어떤 장르의 음악을 했느냐와는
큰 상관관계가 없는 것처럼 보이긴 하지만,
어쨌든 그 친구는 군악대에 가 있었다.

그 군악대에서는 동네 주민을 무료 초청해서
송년 음악회를 매년 열고 있었고,
마침 신병으로 들어온 유명 가수를 중심으로 하고
거기다 친한 가수들까지 불러서 공연을 만들려 하고 있었다.

그러다보니, 음향도 필요하고 조명도 필요하고,
영상 장비도 필요하고, VJ도 필요하고······
일이 점점 커지기 시작한 것이다.

정은 없어도 의리는 있다고 자부하는 김PD,
다음날 아침 새벽 공기를 가르며 차를 몰았다.

계급이 낮은 군인 동생들 위주로 뽑혀 온 지원단은
군기가 바짝 들어 있어서 보기엔 좋았지만,
사실 딱히 뭔가 시킬 일은 없었다.

그렇다고 '병사들 필요 없습니다'라고 하면
짬밥 안 되는 동생들이 갑자기 남게 된 시간을 때우기 위해
그 추운 겨울날 있지도 않은 잡초를 뽑거나
연병장의 돌을 고르는 노역에 시달릴지도 모른단 생각이 들어
그냥 극장 한쪽 따뜻한 방에 모여 있어 달라고 했다.
'언제 무슨 일이 생길지 모르니'라는 핑계를 달아서.

그날 오후

군인 동생들이 가져다준,
군대가 아니면 먹을 수 없는 진짜 군용 건빵과 맛스타.
이 둘을 앞에 두고 남자 스태프들끼리
군대 시절 추억을 얘기하기 시작했다.

이른바, 깔때기 법칙이라고,
군대 이야기의 끝은 정해져 있었다.

#018 공연인 듯 아닌 듯
팬미팅

정식 공연이 아닌 행사성 프로젝트 중에
가장 빈번하게 하게 되는 것은 팬미팅이다.

예전 가수들의 팬미팅은 2~300석짜리 공연장에서
촌스러운 플래카드 하나, 어설픈 풍선 장식 몇 개,
정말 '기본' 조명, 마이크 한두 개에 MR CD 틀면서
그야말로 팬서비스 차원에서 이루어졌었다.
가수의 생일이나 데뷔 몇 주년 기념일 등에 많이 열리곤 했고,
팬클럽 회장단이 가져온 케이크에 촛불을 끄는 것은 팬미팅의 백미였다.
팬클럽이 십시일반으로 모은 돈으로 치르곤 했던 팬미팅이었기 때문에,
가수도 팬도 '우리들만의 축제' 같은 느낌을 받았을 것이다.

그러나 요즘 아이돌 가수의 팬미팅은
웬만한 콘서트에 버금가는 수준의 퀄리티를 자랑한다.
최소 몇백 석에서 크게는 수천 석에 이르는 공연장을 대관하고,
스태프들도 평소에 콘서트를 같이 하던 팀으로 짠다.
음향, 조명, 무대는 물론이고 LED와 특수효과팀까지 합류한 팬미팅은
그냥 '팬미팅'이라고 부르기가 미안할 정도이다.
소속사에서 유료 팬클럽 회원을 초청하는 경우도 있고,
아예 티켓 판매 사이트에서 티켓을 판매하는 경우도 다반사일 만큼
예전보다 확실히 틀이 잡힌 모습이다.

팬미팅을 만들 때 가장 어려운 점은
두 시간 가까운 내용을 무엇으로 채우냐를 결정하는 것이다.
20곡 내외를 부르는 콘서트에서야
음악만으로도 1시간 30분을 채울 수 있지만
주요 히트곡 2~3개와 솔로 무대를 하나씩 한다고 해도
총 8곡 정도밖에 안 되는 팬미팅에서는 음악이 40분을 못 넘긴다.
그나마도, 멤버가 다섯 명 이상으로 많은 그룹의 경우에나.

나머지 시간에는 팬미팅의 하이라이트인
아티스트와 팬들이 함께 '즐겁게' 시간을
보낼 수 있는 프로그램을 짜야 하는데,
이걸 짜는 것은 정말이지 무에서 유를 창조하는 일이다.
여러 장르의 공연을 그렇게 많이 봤지만
왜 팬미팅은 한 번도 가보지 않았을까 하는 후회가 들었다.

초등학교 시절 수학여행도 생각났다.
마지막 밤이 모닥불과 촛불로 분위기를 잡은 후,
지금 생각하면 진부하기 이를 데 없는 부모님 얘기로
초딩 꼬맹이들의 눈물 콧물 짜냈다면,
첫날밤에는 우리의 몸과 마음과 혼을 빼앗아갔던
레크리에이션 강사의 신들린 듯한 프로그램이 있었다.
기타 하나로 전교생이 손바닥이 얼얼해질 만큼 손뼉을 치게 하고
풍선 몇 개로 모두를 웃음바다로 몰아넣었던 그 강사 아저씨.
그 강사 아저씨라도 데려오고 싶은 심정이었다.

난생처음으로 팬미팅 큐시트를 짜는 일은
콘서트 큐시트를 짜는 것보다 훨씬 더 어려웠다.

자잘한 소품은 또 왜 이리도 많은지.
화이트보드 1개, 보드마카펜 4개, 포스트잇 3000장, 볼펜 100개,
바의자 6개, 꽃바구니 6개, 대형 다트 1개, 다트핀 10개,
스케치북 30개, 매직펜 30개……
소품 알아보다가 하루가 갈 지경이었다.

콘서트 큐시트 짜기는
아티스트의 음악을 이해하는 데서 먼저 시작했지만,
팬미팅 큐시트 짜기는
아티스트의 성향과 캐릭터를 먼저 이해하고 시작해야
그들이 진정 팬들과 교감할 수 있는 자리를 만들 수 있다.

나아가 팬들의 성향을 이해하는 것도 필수적이다.
일반 대중들이 아티스트에 대해 가진 이미지보다는
그 자리에 올 팬들이 아티스트를 어떻게 생각하는지를
이해하고 큐시트를 짜야 한다.

팬들끼리 부르는 아티스트의 별명,
팬들 안에서 화제가 되었던 인터뷰,
팬들이 얼마나 점잖은지, 혹은 얼마나 극성스러운지,
그리고 그간 팬들과 아티스트가 공유했던 작은 일들……

이러한 정보를 얻기 위해서
아티스트와 소속사 직원들을 인터뷰하는 것은 물론,
팬카페에 올라온 글들을 이 잡듯 뒤진다.
마치 팬클럽 회장이 된 듯한 마음으로.

결론적으로,
공연장 사정상 운동회는 못했지만,
분장실의 강선생님과 텔레토비 콩트는 현실이 되었다.

한 아티스트에 대한 이해와 동화를 원한다면
방송 출연 분량을 챙겨보기보다는 정식 공연에 가는 것이 옳다.
아티스트가 불특정 다수를 향한 방송에서 보여주는 내면과
'날 보러 돈 내고 온' 사람들을 대상으로 보여주는 내면에는 차이가 있다.
당연히 공연장에서 더 진심이 묻어나게 마련이다.
음악과 퍼포먼스의 성취도도 차원이 다르다.

이런 공연보다 한 차원 더 깊은 속내를 보여주는 것이 팬미팅이다.
공연에는 팬도 있지만, 데이트 삼아 나온 연인도 있으며,
우연찮게 초대권을 얻어 시간 때우러 나온 사람도 있기 마련이다.
그런데 팬미팅에는 진정 팬만 존재한다.
'100% 내 편'만 있는 팬미팅은
무대에 서는 아티스트를 정신적으로 적당히 무장해제시킨다.

아티스트가 남 신경쓰지 않고
자신의 취향, 기호와 내면을 그대로 드러내는 팬미팅.
그 자리에서는 누나 팬들도 초등학생이 된다.
연출자는 조금 뒤로 빠져 있어도 좋다.
비록 유치해도 진심이 가득한 무대, 그것이 팬미팅이기 때문에.

팬미팅에서는 연출의 방향도
다분히 팬들의 관심사를 따라가게 된다.

영상 하나를 찍어도, 익히 봐왔던 멋있는 모습들보다는
그들의 사는 모습을 진솔하게 보여주고 싶었다.

한참 바쁜 스케줄을 소화중인 남자 아이돌의 숙소.
엄마가 계셨다면 등짝을 수백 번은 후려 맞았을 법한
극도의 카오스, 그 자체였다.

해외 공연을 나갔다가 오늘 새벽에 들어와,
오후에 영상을 찍고 내일 새벽에 또 해외로 간다는
그들의 살인적인 스케줄 때문……
아니, 그것 때문이라고 믿고 싶은 거겠지만…….

집이…… 더러우면…… 어때……
안에 사는 사람만…… 그래, 사람만 착하면…… 되지…….

#019 해외 투어
미국

여행을 좋아하고 해외여행은 더 좋아하다보니,
공연일을 좋아하면서 해외 공연일은 더 좋아하게 되었다.

2008년 1월, 처음으로 미국 공연에 나섰다.
세계 공연 예술의 중심인 뉴욕과 LA에서
내가 프로듀서와 연출자로 선다는 것 자체가
가슴 떨리는 일이 아닐 수 없다.

그러나 새로운 환경을 접하면서 예기치 못한 일들도 많이 일어났는데
그 얘기는 3일 밤낮을 지새워도 끝이 없을 정도다.
언어의 차이에서 오는 문제들, 그리고 문화의 차이에서 오는 문제들은
나의 넋을 나가게 하기에 충분했다.

그해 6개월 동안,
세 가지 프로젝트로
미국 다섯 개의 공연장에서
여섯 번의 공연을 치르면서
몸에서 사리가 나올 뻔했다.

공연 1주 전. 답사를 온 오리PD

미국의 대부분 극장, 특히 지어진 지 좀 된 극장에는
귀신등(Ghost Light)라는 것이 있다.

'모든 극장에는 귀신이 있고,
이 귀신을 위한 고스트라이트가 있어야 한다'는 미신 때문이기도 하지만,
사실은 불을 켜기 전 어두운 무대 위를 돌아다니다가
떨어질 수도 있는 상황을 미연에 방지하고자
사람이 있든 없든 켜놓는 등이다.

노란색 불빛을 내는, 투명한 옛날 전구에는 나름의 운치도 있고,
이 극장에 익숙치 않은 스태프들의 안전을 배려하는 마음도 있다.

우리나라도 조금씩 바뀌고 있는 추세이긴 하지만,
미국은 극장과 극장 노조의 입김이 아주 세다.
심지어 뉴욕의 A극장에서 공연을 하려면
A극장에서 지정한 업체의 장비만 빌릴 수 있고
A극장에 소속된 노조(Union)와만 일할 수 있다.

미리 극장에 공연의 내용과 규모를 설명하면,
극장에서 '이 정도의 공연을 하려면 100명의 인력이 필요하다'라고
극장이 고용할 노조의 인력 규모를 정한다.
'그냥 우리가 싸게 70명 섭외해서 100인분의 일을 하겠다'라고 주장해봤자,
영어 생각하느라 머리만 더 아플 뿐이다.

A극장이 정한 노조인력 리스트에는 정말 다양한 역할들이 포함되어 있었다.

외부에서 트럭이 짐을 싣고 오면 그 짐을 내리는 사람 두 명,
짐을 내리면 그 짐을 극장 안까지 밀고 들어오는 사람 네 명,
조명이나 무대 세트 등을 극장 상부에 거는 사람 네 명,
걸어놓은 조명에 선을 잇는 사람 두 명,
무대 위를 쓸고 닦는 사람 네 명,
공연중에 세트를 옮기는 사람 다섯 명,
핀 조명을 잡는 사람 네 명……

프로덕션 외적인 부분에도 마찬가지다.
스태프들에게 비표를 찍어서 나눠주는 사람 두 명,
공연장으로 통하는 길에 서 있는 경비 열두 명,
관객의 응급 상황을 위해 대기하는 치료 요원 세 명,
극장 내에 화재 위험은 없는지 점검하는 안전 요원 두 명,
대기실에 전화나 인터넷을 깔아주는 사람 세 명,
극장 내부에 폭발물은 없는지 점검하는 사람 두 명,
그리고 그가 데려온 엄청 무섭게 생긴 셰퍼드 두 마리……

대충 이런 식이다.
이런 식으로 인력을 배분하니 120명이 너끈하게 나왔다.

인력이 이렇게 많이 배치되는 이유는,
노조원끼리 서로의 임무를 절대로 침범하지 않기 때문이다.

서울에서라면 네 일 내 일이 있는 것이 아니라,
대여섯 명의 인원이 다 같이 짐을 밀고
짐을 다 밀면 다 같이 장비를 꺼내어 달고,
장비 다 달면 다 같이 배선하고 할 텐데,
여기서는 정말 자기가 맡은 일만 한다.

그렇다고 어느 한 파트의 인원을 줄이면 그 후속 작업이 늦어지고,
이러면 병목 현상 때문에 후속 작업의 대기시간이 길어지고,
다음 파트는 결국 추가 근무를 하게 되어 추가 수당이 발생한다.
이 추가 수당은 우리 나라 택시의 심야 할증과는 비교할 수 없을 정도로
가파르게 올라가기 때문에 결국 특정 파트의 인원을 줄일 수 없는 것이다.

이것이 미국 극장의 job sharing 방식이었다.
정해진 양의 일을 하는 데에 있어서,
소수가 무리해서 끝내는 것이 아니라
다수가 적당한 양의 일을 함으로써 고용을 늘리는 방식.

이론적으로는 아무리 이해가 된다고 해도,
보고 있는 주최측 입장에서는 답답하기 짝이 없다.
짐을 다 밀었다고 구석에서 농담 따먹기 하고 있는
사람들을 보면 울화가 치밀어 오르기 때문이다.
셋업 시간이 부족해 리허설이 밀릴까봐 걱정되는
프로듀서는 복장이 터질 노릇이다.

노조와 일하려면 커피 브레이크(coffee break)에도 적응해야 한다.

점심시간과 저녁시간을 사전에 정해놓고
모든 스태프를 퇴장시키고 극장 문을 걸어 잠그는 일은
우리나라 일부 극장에서도 시행하고 있다.
불과 수년 전에 시작된 이 규칙을 받아들이는 데에도
여러 가지 불평불만이 있었고, 나 역시 그랬다.

그러나 이 제도는 결과적으로
여러 스태프들에게 반강제적으로 식사와 휴식을 제공함으로써
스태프들의 신체 컨디션을 정상으로 유지하게 하여
현장에서 일어날 수 있는 안전사고를 미연에 방지한다는
작지만 큰 목적을 달성할 수 있다는 점에서 옳은 제도이다.
또한 그 시간 동안 같이 식사를 하면서 만들어지는 팀워크나
정보 공유 측면 역시 무시할 수 없다.

그런데 coffee break는 이와는 다른 '간식 시간' 개념이다.
오전 8시에 셋업을 시작했는데, 오전 10시에 coffee break란다.
미국 스태프들이 모두 사라지더니 20분 동안 나타나질 않는다.
한쪽에 마련된 커피와 도넛을 먹고 있는 것이다.

이 간식을 준비하는 비용 역시 노조 인건비에 따라 책정된다.
물론, 노조를 쓰는 주최측이 직접 준비해도 된다.

현지 교통비를 아끼겠다고 극장 근처에 숙소를 잡은 탓에
극장까지 택시를 타기도 애매한 거리였다.
뉴욕 Penn Station 근처의 도넛집에서 400m 정도 되는
극장까지 걸어가는 우리는 정말 처량하기 짝이 없었다.

자기 짐에다 커피와 도넛까지 잔뜩 든 우리는
그렇게 맨해튼의 중심을 걷고 있었다.

아침 일찍 우아하게 별다방에서 커피를 뽑아 들고
공연장에 입성하리라는 기대는
미국인 노조에게 줄 커피와 도넛을 이고지고
공연장에 낑낑대며 걸어가는 현실로 바뀌어 있었다.

3월 초의 뉴욕 아침은 칼바람으로 우릴 맞이했다.
평소 주머니에 손을 넣고 다니는 습관 때문에 장갑이 없는 나는
따뜻한 커피를 든 손이 차갑게 얼어붙던 그날 아침
다음에 노조와 일할 땐 꼭 장갑을 사야겠다고 마음먹었다.

#020 해외 투어
일본

일본의 공연은 아시아에서는 이의를 달 수 없는 1위이다.
일본의 음악 시장은 유럽과 미국에 이어 세계 3대 시장이며,
그만큼 음악 공연 시장도 양과 질에서 세계적인 수준이다.
실제로 한국 공연 스태프 중에는 영미권보다는 일본에서
유학한 사람들이 더 많을 정도이다.

일본에서의 공연은 감탄의 연속이었다.
마치 사무라이의 날 선 일본도처럼 날카롭게 서 있는 현장 분위기에서
그들은 그 누구도 허술해 보이지 않았다.

한국에서 48시간 동안 할 일을,
미국에서는 두 배의 돈으로 두 배의 인력을 쏟아 24시간 만에 할 수 있다면
일본에서는 정확한 체계와 철저한 시간 관념으로 24시간 만에 해냈다.

한국 공연장의 스케줄 표

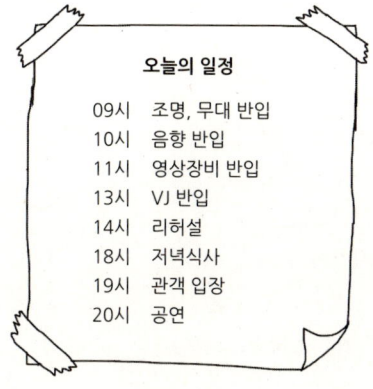

현장에 붙여진 스케줄

오늘의 일정

- 09시 조명, 무대 반입
- 10시 음향 반입
- 11시 영상장비 반입
- 13시 VJ 반입
- 14시 리허설
- 18시 저녁식사
- 19시 관객 입장
- 20시 공연

실제 진행된 스케줄

- 09시 조명 반입
- 09시 22분 무대 반입
- 09시 41분 음향 반입
- 11시 18분 영상장비 반입
- 13시 23분 VJ 반입
- 14시 31분 리허설
- 18시 17분 저녁식사
- 19시 28분 관객 입장
- 20시 15분 공연

일단 써놓고, 현장에서 되는대로 대충...

일본 공연장의 스케줄 표

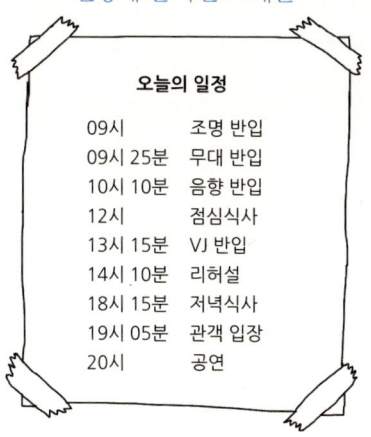

현장에 붙여진 스케줄

오늘의 일정

- 09시 조명 반입
- 09시 25분 무대 반입
- 10시 10분 음향 반입
- 12시 점심식사
- 13시 15분 VJ 반입
- 14시 10분 리허설
- 18시 15분 저녁식사
- 19시 05분 관객 입장
- 20시 공연

실제 진행된 스케줄

- 09시 조명 반입
- 09시 25분 무대 반입
- 10시 10분 음향 반입
- 12시 점심식사
- 13시 15분 VJ 반입
- 14시 10분 리허설
- 18시 15분 저녁식사
- 19시 05분 관객 입장
- 20시 공연

정한 그대로...

나는 '3시쯤 만나요'라는 말을 싫어한다.
대신 '3시 15분에 만나요'라는 말을 좋아한다.

시간을 구체적으로 이야기하는 사람,
시간을 1시간 단위보다는 30분 단위로,
30분 단위보다는 15분 단위로 끊어서 이야기하는 사람이 좋다.
그 시간을 정확히 지키는 것은 기본이다.
그러나 현장을 진행하다보면, 무대감독이 정한 셋업 시간,
연출자나 프로듀서가 정한 리허설과 공연 시간이
잘 지켜지지 않는 것이 대부분이다.
물론, 빨라지는 경우는 거의 없고 대부분이 뒤로 밀린다.

정해진 시간에 오지 않는 팀,
끝내기로 약속한 시간에 끝내지 않는 팀,
리허설에 늦는 가수……

어차피 정확히 시작하지 않을 것을 알게 되면 시간을 여유롭게 잡는 것과
늦는 이유를 굳이 문책하지 않는 것에 익숙해지기 마련이다.
그러한 현장의 생리를 알기에 일부러 1시간 단위로
여유 있게 스케줄을 잡는 것이 당연시되었다.

일본 공연장에 붙은 시간표를 보고 속으로 생각했다.
'과연…… 이럴 수 있을까? 아무리 정확하다고 하는 일본인들이라지만,
5분 단위로 쪼개진 스케줄을 다 지킬까?'
나는 '불가능'에 지갑 속의 엔화를 걸고 내기라도 해보고 싶었다.
그러나 결론은 '모두 정해진 대로'였다.

그것이 가능했던 이유는,
무대감독은 작업량에 따른 시간 배분을 정확히 했고,
각 팀들은 정해진 시간에 도착해서 짐을 풀기 시작했으며,
출연진을 정확한 시간에 리허설에 도착시켰기 때문이다.

어찌 보면 당연한 이런 일련의 흐름이
서울에서는 되지 않고 도쿄에서는 되는 이유는 무엇일까?

그건 서로에 대한 신뢰와 책임이었다.
서로를 다그치고 쪼아대지 않는 신뢰와
서로의 소중한 시간을 낭비시키지 않겠다는 책임감.

조명을 달아 올리지 않으면 무대를 쌓을 수 없고,
무대를 정리하지 않으면 악기를 놓을 수 없다.
악기를 놓지 않으면 음향 체크를 할 수 없고,
음향 체크가 안 되면 리허설을 할 수 없다.
리허설이 늦어지면 관객 입장이 늦어지고,
관객 입장이 늦어지면 공연 시작이 늦어진다.

서로 얽혀 있는 각 팀들의 시간을 서로 존중하는 습관.
늦어지는 한 팀 때문에 하릴없이 시간을 보내야 하는 경우가 허다한
우리나라 공연 현장에는 언제쯤 이런 습관이 들까.

계속된 해외 공연 일정, 오사카 공연 후 지독한 몸살이 왔다

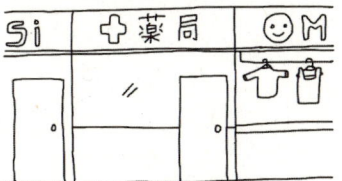

#021 해외 투어
중국

이번엔 걸그룹의 중국 공연을 맡았다.

중국 공연을 가게 되었다고 했을 때,
이미 중국 공연을 많이 경험한 선배들이 했던
무시무시한 이야기들이 황해에 광어떼 펄떡이듯 생각나기 시작했다.
야외에서 구조물 셋업을 하는데 죄수들이 족쇄를 차고 일하더라,
공안한테 밉보여서 꼬투리 잡히면 되는 것도 안 되더라,
장비 있다고 해서 가보면 죄다 복제품이더라,
장비 찾아보겠다고 해서 가보면 없다고 배 째더라,
셋업 속도는 한국의 세 배 정도 느리다더라……

이런 곳일수록 사전 준비가 중요하다.
PD 입장에서는 테크니컬라이더를 꼼꼼하게 작성하고
끈질기게 체크하는 수밖에 없다.

테크니컬라이더란 현지에서 필요한
프로덕션의 모든 것들을 집대성한 문서이다.
한국팀의 프로덕션 인원 정보,
현지 도착 후 필요한 회의 일정과 참석자,
무대, 음향, 조명, 영상 장비, VJ 장비, 특수효과 장비 등의 기종과 수량,
유무선 인터컴 수량과 배치,
무대 진행에서 특이한 사항……
그들이 알고 있어야 할 모든 것이 테크니컬라이더에 들어 있다.

실제로 라이더를 쓸 때는 말보단 이미지가 훨씬 효과적이다.
내가 쓰는 영어에 대한 확신이 있다 해도,
상대방이 영어권이 아니라면 커뮤니케이션의 밀도는 확연히 떨어진다.
이럴 땐 누구나 알아보기 쉬운 도면과 그림, 사진이
빠르고 정확한 커뮤니케이션을 지원하기 때문이다.

그래서 내 라이더에는 내가 그린 3D 그림, 무대디자이너의 도면,
조명디자이너의 조명 도면, 파워포인트로 그린 간단한 그림,
기존 공연에서 썼던 장비의 사진 등등 다양한 이미지를
최대한 많이 넣는다.

한국에서 공연할 때도 말로만 커뮤니케이션을 하면
반드시 오류가 생긴다.
화자의 뇌에서 입으로,
청자의 귀에서 뇌로 이동하는 정보는 손상되기 쉽기 때문이다.

아무리 공들여 Pink라고 쓰고 핑크색 사진을 넣어도,
현지 담당자가 그걸 중국어로 번역해서 제작사에 주지 않는다면,
그리고 제작사의 잉크젯 프린터가 핑크를 갈색으로 인쇄한다면,
발랄한 핑크색은 우울한 갈색으로 변신할 수밖에 없는 슬픈 현실.
걸그룹 공연에 우울한 갈색 세트라니.

천신만고 끝에 리허설 시작

이런 건…… 천재지변이라고 해야 되는 건가……

영상장비 LED를 달아놓은 무거운 구조물을
밀고 당기기 위해 온 중국인 무대 크루들.
중국 공연은 진정 산 넘어 산이다.

중국 공연장의 왕은 가수도 관객도 아닌, 공안이다

#022 해외 투어
브라질

졸업을 앞둔 2004년, 홀로 중미 여행을 갔다.
중미를 여행지로 선택한 별다른 이유는 없었다.
이유라면, 한국사람들이 잘 가지 않는 곳이라는 것뿐.

보통 멕시코부터 파나마까지를 중미,
콜롬비아 이남을 남미라고 부르는데,
땅 크기를 가늠해보니 중미는 육로로 3주면 될 것 같았지만,
남미는 항공 이동 없이는 도저히 불가능해 보였다.
지금이야 전 세계에 저가 항공이 날아다니지만,
그때 빈곤층 대학생에게 일반 항공비는 엄두를 낼 수 없었기에,
아쉽지만 남미는 깔끔하게 포기했다.

결과적으로 중미를 육로로 4주 만에 돌았는데,
넉넉하게 잡았다고 생각한 육로로 4주 스케줄은
예상을 깨고 빡빡하기 짝이 없었다.
중미에서의 육로 이동은 정말 살인적이었기 때문이다.

별로 멀지도 않은 거리인데,
버스 한번 탔다 하면 기본이 다섯 시간이었다.
도로 사정이 좋지 않은 중미에선 애당초 빨리 달릴 수도 없었고,
버스는 연식으로 따지면 왠지 나보다 형일 것 같은 구식이었으며,
도로 위로 시도 때도 없이 튀어 나오는 양떼나 소떼를 만나면
버스는 도로 위에 한참을 서 있어야 했다.

게다가 출퇴근 시간의 콩나물 시루 시내버스같이 붐비는
시외버스를 입석으로 타는 고통은
그후 얼마간 콩나물에 대한 트라우마가 생길 지경이었다.

국경을 넘는데 18시간 버스를 탄 적도 있었다.
앉아 간다는 건 다행이었지만,
뒤로 젖힐 수도 없는 딱딱한 의자와
에어컨 따위는 기대할 수 없는 무더위의 장거리 버스는
생지옥이 현세에 있다면 이곳일 것만 같았다.

그렇지만, 그 여행을 마치고는
끝내 가지 못한 남미에 대한 진한 아쉬움이 남았다.

2010년 늦가을, 다시 남미를 꿈꿨다.
프리랜서로 맞는 첫겨울 시즌, 이상하게 일이 없었다.
남들 다 일하는데 혼자 꽁하고 서울에 있으면 안 될 것 같아,
여자친구와 인생에 다시 없을 석 달 남미 여행을 계획했다.

일주일 동안 두툼한 가이드북 몇 권을 독파하고
끝이 없을 것만 같던 인터넷 서핑 끝에
우리는 드디어 루트와 일정을 대부분 확정하고
크리스마스를 이스터 섬에서 맞겠다는 원대한 계획을 확정했다.
그리고 내일 예금을 깨서 항공 티켓을 결제하자고 약속했다.
새벽 4시, 어느 24시간 커피집에서였다.

그리고 들어와 잠을 청하던 이른 아침.
정말이지 거짓말같이 일이 밀려들었다.
오랜 인연을 가진 아이돌 그룹이 연말부터 시작하는 전국 투어,
아이돌 다섯 팀을 묶어서 나가는 해외 공연,
거기에 인디밴드 공연까지.

그간 실컷 바람을 잡아놓았던 여행을 포기하고,
그날 밤부터 여자친구를 달래는 데에는
뽕밭이 바다가 되는 시간이 걸렸다.

그리고, 그렇게 남미는 내게서 또 멀어졌다.

2011년 봄, 브라질 공연 연출 제의를 받았다.
브라질에서 한인이 가장 많다는 상파울루에서
가장 큰 교회의 한인 행사.

서울과 상파울루의 시차는 정확히 12시간.
'지구 반대편'이라는 수식어가 잘 어울리는 그곳.
내가 보낸 이메일이 태평양을 건너는 것이 빠를지
대서양을 건너는 것이 빠를지 헷갈리는 그곳.

꿈에도 그리던 남미를 간다는 사실에,
망설임 없이 뛰어들었다.

수백 통의 메일과 우여곡절 끝에,
그해 여름 결국 상파울루행 비행기에 올랐다.
무시무시한 비행 시간에 지레 겁을 먹긴 했지만,
정말 인간의 한계를 시험하는 여정이었다.

간.단.하.게.한.잔.더

출국 날 오전

결코 간단하지 않았던
'간단하게 한잔 더'의 후폭풍은
다음날을 초토화시켰다.

땀이 질질 흐르던 한여름 날,
차도 없이 택시에 무거운 캐리어를 우겨넣으며
캐리어를 끌고 나온 이유를 열다섯 번 정도 설명하면서
오후 1시 잠실을 시작으로 상암동과 홍대로 이어지는
죽음의 트리플헤더 회의를 마치고
밤 11시에 겨우 도착한 인천공항.

내 생애 가장 긴 비행은 뉴욕-인천 구간이었다.
직항으로 14시간 30분.

마치 메모리 와이어처럼 좁은 좌석에 최적화된 몸뚱이,
안구에 바짝 달라붙은 렌즈,
안면에는 최소의 수분과 최대의 기름,
살겠다고 쏟아부은 기내식과 수면용 맥주로 튀어나온 배,
그럴듯한 건 이미 다 봐버린 기내 VOD,
100번은 파산한 블랙잭과 포커.
그리고 금지된 흡연에 대한 욕구불만.

그 좋지 않은 기억을 극대화하는 것.
바로 인천-두바이-상파울루 구간의 총 28시간 비행이다.

10시간 비행 후, 두바이 공항

중동의 허브공항으로 자리잡은 두바이.
그리고 악명 높은 두바이공항 흡연실.
그 큰 공항 내에 딸랑 두 개 있는 세 평 남짓한 흡연실은
세계 각국의 담배 연기가 섞이는 곳이다.
환풍기는 있지만 돌아가지 않고,
문이라도 열어두면 공항 경비가 와서 매몰차게 닫아버린다.

담배를 피우지 않아도 피우는 것 같은 기분이 드는 곳,
없던 너구리도 전 마리쯤 잡아낼 수 있을 것 같은 곳.

그곳에 들어서자, 벽 안의 한 녀석이 악마의 미소로 인사한다.
"웰컴.투.더.헬!!"

10시간의 비행, 그리고 두바이 공항에서의 4시간 대기.

그 4시간 동안,
부지런히 흡연실을 드나들며 니코틴을 충전하고,
화장실에 붙어 있는 무료 샤워실에서 샤워를 했다.
그리고 수건 대용으로 페이퍼 타월을 수십 장 뜯어 썼고,
'한 장이면 충분해요'일 것 같은 아랍어 문구를 애써 외면했다.
와이파이가 잡히는 곳에 퍼질러 앉아 이메일을 날리고,
서울의 여자친구에게 문안 인사를 올렸다.

그리고, 다시 비행기를 탄다. 이번엔 14시간 30분.
중동을 떠서 아프리카 대륙을 횡단하여
대서양을 건너야 도착하는 상파울루.

달이 멀까, 상파울루가 멀까.
인류가 달나라를 가는 것보다는
인천에서 상파울루까지 빨리 가는 것이
더 중요한 일은 아닐까.
공대 나온 애들은 도대체 뭘 연구하는 거야.
부질없는 원망은 심술로 변해 아랫입술을 씰룩였다.

작렬하는 태양과 비치발리볼을 즐기는 해변의 미녀들.
식스팩 아니고 에이트팩쯤 되는 조각미남들이 시원한 맥주를 마시는 모습.
사람 좋은 웃음을 짓는 브라질리언들과 즐기는
질 좋은 스테이크와 싼 물가.

질 좋은 스테이크만 빼고,
남미와 브라질에 대해 그려오던 환상 따위는
상파울루 어느 구석에서도 찾을 수 없었다.

8월의 상파울루에는 먹구름이 잔뜩 끼어 있는 날이 많았고,
해변에는 미남미녀 대신 미남미녀의 부모님들이 있었으며,
영어가 전혀 통하지 않는 상파울루 동네 마트에서
보디랭귀지의 차원을 넘어 마임을 하고 있는 내게
사람 좋은 웃음을 지어주는 브라질리언도 없었다.

마치 인사동에 간다고 해서 모두 갓 쓰고 한복 입고 부채 들고
불고기와 김치만 먹으며 투호와 연날리기를 하지는 않는 것처럼.

'제대로 되는 건 없지만, 안 되는 건 없는 곳'
이렇게 알 듯 말 듯하게 브라질을 설명하던
한인 목사님의 말씀은
셋업이 시작되면서 현실로 다가왔다.

아침 9시에 셋업을 시작하기로 한 날,
점심이 지날 때까지 브라질 스태프는 아무도 나타나지 않았다.
허허벌판에서 열불이 나는 걸 간신히 참고 있는 내게,
목사님은 나긋한 목소리로 말씀하셨다.

'오는 사람은 노느라 늦고, 기다리는 사람은 기다리지 않고 논다.
결국 양쪽 다 놀았으니, 이제 모두 되었다'는 브라질의 사고방식.
마치 종교에 귀의한 사람들 같았다.

'이런들 어떠하고 저런들 어떠하냐'고 했던 이방원,
'이 또한 지나가리라'고 했던 랜터 스미스,
'일체유심조'라고 한 화엄경의 말씀에 이르기까지.
이 모든 것이 브라질 사고방식의 잔재들이 아닐까.
그렇다면 인류의 시조는 브라질인 것인가.
우리 엄마도 브라질 사람인가.

이런 잡생각이 들 때쯤,
'천하태평'의 정의를 인간의 표정으로 표현할 수 있다면
바로 그 표정일 것 같은 표정을 하고,
브라질 스태프들이 들어왔다.

나는,
그냥,
웃었다.

#023 공연장 사람들
기획 VS 프로덕션

대부분의 관객들은 콘서트에 오면 아티스트만 본다.
그들의 시선은 무대 위에서 아티스트가 어떤 노래를 하고,
어떤 춤을 추고, 어떤 이야기를 하는지에
눈과 귀를 기울이고, 발을 구르고, 박수를 치고,
소리를 지르고, 웃고, 때론 운다.

그러나 그 콘서트가 이루어지는 현장에는
뉴질랜드 양떼만큼 많은 스태프들이 있다.
공연기획사의 사장님부터,
객석을 안내하는 아르바이트생까지,
수십 년 경력의 베테랑부터,
오늘 처음 공연장에 나와 가슴이 두근세근하는 초짜까지.

스태프들은 크게 보면 두 가지로 나눌 수 있다.

먼저, 기획 파트.
어떤 아티스트와 어떤 공연을 할지 구상하고,
공연의 제목과 전체 콘셉트를 잡는다.
그에 맞는 프로젝트 전체 예산을 관리한다.

홍보와 마케팅 자료를 수집하거나
필요하면 사진작가와 함께 사진을 찍는다.
디자이너들과 홍보 이미지를 고민한다.
언론에 뿌릴 홍보 기사를 쓰고,
현수막과 포스터 부착, 신문 광고 등을 집행하며,
커피전문점, 레스토랑 체인과 협력 마케팅을 펼친다.

공연장에 좌석을 배치하고 블록별로 가격을 책정한다.
수천 명의 관객이 어디서 표를 받고
어디서 MD를 사며 어떻게 입장할지를 결정한다.

관객들이 볼 수 있는 이런 사항들 외에도
기획 파트에서는 정말 많은 일을 해낸다.

아티스트와 출연진의 공연장 내 대기실을 섭외하고,
그들의 편의를 위한 의자, 테이블, 정수기를 준비한다.
전신거울, 수백 개의 옷걸이도 빠지지 않는다.
공연장에서 일하는 모든 이의 식사도 챙겨야 하고,
아티스트의 경호와 관객의 안전까지 챙긴다.

요구사항이 까다로운 아티스트라도 만나면
효과가 의심되는 공기 정화용 숯을 몇 박스씩 주문하고,
쓸데없이 비싼 프랑스산 생수를 구해와야 한다.
'컵라면 말고 봉지라면을 먹고 싶다'는
진상 출연진을 위해 버너와 코펠을 준비하기도 한다.

까칠한 아티스트 도착 2시간 전

공연의 또 한 축을 이루는 파트는 프로덕션이다.
프로듀서가 지휘하는 프로덕션에는
프로젝트별로 적게는 대여섯,
많게는 열대여섯 팀이 속해 있다.

이들이 하는 일은 관객들과 아주 직접적으로 맞닿아 있다.
프로덕션 파트의 스태프들은
공연의 전체 흐름을 짜고, 영상을 찍고 편집한다.
조명 기기를 설치하고 무대를 밝히며,
큰 스피커로 공연장에 소리를 채운다.
사람들의 흥을 돋우는 화약을 쏘고
클럽에 온 듯한 착각을 주는 레이저를 디자인한다.

프로듀서, 연출, 무대감독, 무대, 음향, 조명, 영상,
전기장식, VJ, 특수효과, 레이저, 악기, 중계, 구조물, 발전차.

그중에서도,
몇몇 주요한 프로덕션 스태프들이 하는 일에 대해서.
그리고 그들의 아키타이프(archetype)에 대해서.

#024 공연장 사람들
프로듀서

제작총괄, Producer.

어릴 적부터 음악을 좋아하던 그는
엄마 말씀을 들은 적보다 듣지 않은 적이 더 많은,
그리고 그보다는 듣고 흘린 적이 훨씬 더 많은
격렬하고 뜨끈한 사춘기를 보냈다.
서점에서 산 참고서보다 금액은 물론 부피도 더 크게
음악 테이프와 CD가 방 안에 쌓여갔다.
이사를 하거나, 성적이 뚝 떨어졌을 때마다
이걸 내다버리려는 엄마와 사수하려는 그 사이에는
수도 없이 많은 빅 딜이 오갔을 것이다.
이를테면 성적 향상을 내건 엄마의 딜에
최신형 워크맨이나 켄우드 CD플레이어로 대응했던 딜.

결국 CD플레이어는 그가 은근과 끈기로 뼁땅친
참고서값을 바리바리 모아 샀으니,
엄마는 그에게 CD플레이어를 직접 건네지 않았을 뿐
결국 사주신 셈이었다.

뻥땅으로 점철된 십대를 보내고
제대 후 이십대 중반이 된 그는,
더이상 엄마가 용돈을 주지 않으신다는
냉정한 현실을 직시함과 동시에
'주신다고 해도 뻥땅은 칠 수 없다'는 기특한 생각에
아는 대학 선배 따라 일용직 아르바이트로 공연계에 입문한다.

어릴 적 테이프가 늘어져서 악마의 음성이 나올 때까지,
너무 많이 들어 흡사 CD가 닳아 없어질 것 같은
착각을 불러 일으키던 위대한 가수들을
직접 눈앞에서 본다는 것이 일단 신기했다.

지방 투어라도 가면 집 아닌 곳에서 잔다는 것이 좋았고,
일은 힘들었지만 아직 남아 있는 군기로 버틸 수 있었고,
막내라고 어여삐 여겨주는 여러 형, 삼촌뻘 스태프들과
낮에는 일하고 밤에는 그 지방 맛집에서 술 먹는 것도 좋았다.

그렇게 대학교 3, 4학년 시절이 지나갔고,
그는 밑에 초짜 알바를 거느린 수석 알바가 되어 있었다.
그러나 그사이 학교생활과 학점은
루비콘 강 저 너머로 떠내려간 지 오래였다.

졸업에 즈음하여, 다행인지 불행인지 회사에서는
고용 불안의 대명사를 잘 포장한 '6개월 인턴'을 제안한다.
벌써 몇 년째 일했으니 크지도 않은 회사 사정 다 아는 데다
거금을 들여 마련한 졸업장도 있는데
인턴을 또 하라는 게 이해되지는 않았지만,
다른 친구들처럼 대기업 여기저기에
52가지 버전의 자기소개서나 이력서를 마감일에 쫓겨가며
굳이 쓰지 않아도 된다는 사실이 일단 감사했고,
'내가 팀워크 향상을 위해 힘썼던 일' 따위의 항목을
채우기 위해 기억력을 동원하다가 포기하고
상상력을 총동원하는 일을 하지 않아도 되었기에
나는 그 제안을 받아들였다.

그후, '어차피 휴일 없이 알바 때랑 똑같은 일하는 거,
차라리 하루 알바비 곱하기 삼십을 하면
이거보단 더 받겠다'는 생각을 하며 6개월이 지나갔다.

속절없이 폐업하는 다른 기획사와 달리
회사는 점점 몸집을 키웠고,
그는 이십대 후반에 회사의 정직원이 되었고,
프로덕션의 총괄인 '프로듀서'가 되었다.

프로듀서는,
공연 콘셉트 회의부터 참여하고 프로덕션 섭외를 한다.
알맞은 연출, 무대감독, 음향, 조명, 무대, 영상, 중계……
공연의 프로덕션 파트 예상 매출과 매입을 세우고,
돌출무대가 얼마나 좌석을 깎아먹을지를 가늠한다.
예상보다 매출이 심하게 부진한 공연에서는
섭외한 팀들에게 견적을 줄여달라는 부탁도 해야 한다.
그래도 안 될 경우에는 아티스트와 직접 협의하여
과감히 물량을 줄이기도 해야 한다.
스태프들의 삼권은 프로듀서의 책임이자 권한이며,
그래서 스태프들은 시도 때도 없이 그를 찾는다.

공연이 모두 끝나고 한 달여 후
팀별로 세금계산서를 끊고,
프로젝트 정산과 입금까지 끝나야 비로소 그의 업무는 끝난다.

회사에서 프로듀서 일을 할 때 가장 쪽팔렸을 때는
이미 협의가 끝난 예산을 줄여달라는 전화를
각 팀 대표님들께 돌려야 했을 때다.

회사에서 예상한 수준에 턱없이 모자랄 정도로
티켓 판매가 황당하게 부진할 때 문제는 발생한다.
정말 기본이 되는 장비들을 뺄 수는 없는 노릇이니
아티스트를 설득해서 물량을 줄이는 것도 한계가 있다.

이럴 땐 평소 친분 있는 팀에게 읍소하는 수밖에.
'나중에 잘 되는 공연 때 더 쳐드리겠다'라는
근거도 자신감도 없는 공수표를 날리는 프로듀서를
알면서도 속아주는 고마운 팀들.
사랑할 수밖에 없다.

#025 공연장 사람들
연출자

연출자, Director.

삼십대 중후반의 이 남자는 무대 바닥을 닦는
무대 크루부터 일을 시작했다.
그리고 조연출이 되었고, 연출이 되었다.

큐시트를 짜서 아티스트에게 제안하는 회의를 하고,
때론 아티스트가 미리 짜온 큐시트를 수정하기도 한다.
기획사의 프로듀서와 협의한 예산에 맞게
무대 디자인과 여러 팀의 물량에 맞게 공연 내용을 조율한다.
스태프들을 모두 모아 회의를 열어 공연 내용을 공유한다.
연습실에 가서 디테일한 연출을 맞추고,
공연 길이와 내용에 적당한 리허설 시간을 공지한다.
리허설 날은 마이크를 들고 무대에 오른다.
리허설을 진행하고, 리허설 후 수정 사항을 팀들과 공유한다.
공연의 시작과 끝은 전적으로
인터컴으로 전해지는 그의 큐에 달려 있다.
공연이 끝나고 난 뒤에는 아티스트와 회의를 열고,
본인의 의견을 보태 내일 공연의 수정사항을 총정리해서 공유한다.

공연중에 급한 사고가 터졌을 때 모든 스태프의 눈은 그를 향한다.
공연 때만큼은 그가 공연장의 지존이어야 하는 이유이다.

연출은 돋보이는 동시에 고독하다.

아직 업무 분담이 명확하지 않은 콘서트 업계에서는
연출과 프로듀서, 무대감독의 업무가 혼재되어 있다.
그리고, 어떤 문제가 생겼을 때는 아티스트도, 스태프도,
그중에서 연출을 가장 먼저, 또한 가장 자주 찾는다.
게다가 연출이 작가를 겸하기라도 한다면,
연출의 전화에는 불이 난다.
그래서 연출은 돋보이고, 고독하다.

공연이 잘되면 연출은 모두에게서
칭찬과 감사의 인사를 받는다.
공연이 잘 안 되면 연출은 모두에게서
원망과 불평을 듣는다.

어린 연출자가 '좋은' 연출자로 크려면,
또는 연출자가 자신이 생각한 바를 정확하게
무대 위에서 구현할 수 있으려면
반드시 능력 있는 스태프들을
연출자의 옆에 최대한 많이 두어야 한다.

연출이 아무리 좋은 연출을 짜고
기가 막힌 아이디어를 제시한다고 해도
연출은 그림으로, 말로, 글로
그것들을 스태프들에게 설명하는 사람에 지나지 않는다.

연출은 음향 콘솔을 만질 줄 모르고,
연출은 조명 메모리를 짤 줄 모르며,
연출은 영상 편집 프로그램을 쓸 줄 모르고,
연출은 무대 콘셉트를 도면에 얹을 줄 모른다.
그리고, 그걸 다 알 수도 없을 뿐더러
하나하나 모든 걸 다 알 필요도 없다.
다만, 연출은 좋은 스태프를 두면 된다.
그래서 연출자와 스태프의 '척하면 척'인 궁합은
남녀간의 궁합을 미신이라 믿는 내게도 중요하다.

궁합의 좋은 예

궁합의 나쁜 예

프로듀서와 연출자는 영어로 정확히 쓰자면
Producer와 Director다.

이 두 가지 역할은 아주 유기적이다.
프로듀서가 잡은 콘셉트를 연출자가 얼마나 잘 구현하는지,
연출자의 공연 내용이 프로듀서가 가진 예산에 부합하는지,
그리고 두 경우의 역명제까지 포함해서,
기타 등등 크고 작은, 그리고 아.주.많.은. 숙제를
함께 풀어야 하는 동반자이기에 이 둘은 불가분의 관계이다.
이것이 한 사람이 둘을 겸하는 경우가 종종 있는 이유이다.

그래서 흔히 쓰는 PD라는 직함은
'P'ro'D'ucer만을 지칭하기도 하지만,
많은 경우에 'P'roducer와 'D'irector를
통틀어 의미하기도 한다.

이 두 역할이 서로를 이해하지 못하면,
공연이 만들어지는 과정에서 중대한 문제들이 발생한다.
때론 둘의 신경전은 좋은 구경거리이다.

1 Round. 첫 만남

2 Round. 예산 회의

3 Round. 연습실

공연 후, 아름답게 1승 1무 1패

프로듀서 일을 했던 연출자와
연출을 해본 프로듀서가 만나는 경우,
둘의 관계에는 용쟁호투와 같은 긴장감과
초록동색과 같은 동질감이 동시에 흐른다.

프로덕션 스태프들에게 둘은 엄마와 아빠 같은 존재다.
엄마와 아빠가 부부싸움을 하면
한여름에도 집안에 얼음이 얼고,
아빠가 엄마 선물이라도 사오는 날엔
한겨울에도 집안에 꽃이 피는 것처럼,
프로듀서와 연출의 관계는 공연장의 분위기를 결정한다.

그래서, 그 둘이 소통하지 않으면
다른 스태프들은 죽을 맛이다.

#026 공연장 사람들
무대감독

무대감독, Stage Manager.

삼십대 초중반의 그는
연출자나 프로듀서와 비슷한 길로 입문했다.
그는 책상 앞에 앉아 있는 시간이 많은
연출이나 프로듀서의 일보다
현장감이 좋았고, 기술 파트에 대한 관심이 많았다.
유명 무대감독팀에서 경력을 몇 년 쌓은 후, 독립한다.
지금은 두세 명의 직원과 대여섯 명의
고정적인 알바를 쓰는 무대감독 회사의 대표이다.

무대감독은 스태프 회의 때
무대에서 일어날 테크니컬 파트를 책임지고 정리한다.
팀별로 사전에 셋업 스케줄을 정리해서
어떤 팀이 먼저 작업을 하는 것이
보다 효율적이고 안전할지를 정한다.
서로 먼저 시작하고 빠지겠다고 싸우지 않도록 조율하고,
장비들의 하중과 균형이 안전에 문제가 없을지를 살핀다.

무대감독의 역량은 셋업이 시작되면
본격적으로 발휘되게 마련이다.
정해진 도면대로 무대가 자리를 잡는지,
도면과 현장 상황과의 미세한 차이가 만들어내는
크고 작은 문제들에 어떻게 유연하게 대처할지,
각 팀들이 스케줄에 맞게 일을 진행하고 있는지,
스케줄이 흐트러졌을 때 어떻게 바로잡을지 등이
무대감독이 현장에서 풀어야 할 숙제들이다.

그래서, 유능한 무대감독을 섭외한 프로듀서나 연출자는
셋업이 진행되는 현장에 오래 머무를 필요가 없다.
공연을 며칠 앞둔 그 황금 같은 시간을
본연의 업무에 충실할 수 있으니,
프로듀서와 연출자는 언제나 유능한 무대감독에 목마르다.

연출자가 콘솔에서 공연의 바깥살림을 본다면,
무대감독은 무대에서 공연의 안살림을 본다.

무대감독의 능력은 부드러운 리허설 진행을 가능케 한다.
미리 체크된 출연자들의 안전하고 신속한 동선,
출연자들이 어디에 서야 할지 몰라 어리둥절하지 않게
무대 위에 밝은색 테이프로 정확히 표시된 위치,
무대 위로 오르내리는 세트나 대소도구들의 입퇴장,
모든 출연자들의 여유 있는 스탠바이,
급박한 전환에서 다음 큐 진행 여부의 결정,
리프트 같은 장치류의 정확한 타이밍 등
무대와 백스테이지에서 일어나는
크고 작은 일들에 대한 의사 결정을 내리고
다른 스태프들과 정확히 업무를 배분한 후,
실제로 그렇게 실행될 수 있도록 하는 것이 그의 몫이다.

정확하게 약속된 결정들이
착착 이루어지는 순간들이 모여야
리허설은 평안하고 무탈하게 흘러가고,
그래야 본공연도 순조롭게 흘러가기 마련이다.

무대감독에게 체력은 필수다

무대조감독에게도 그렇다

공연장으로 가장 먼저 들어가고,
공연장에서 가장 늦게 나오는 이가 무대감독이다.
그래서 무대감독에게 체력은 필수다.

다른 팀들은 자기 팀 일이 끝나면 휴식 시간을 가진다.
이를테면, 트러스팀은 조명팀이 조명 장비를 달 때까지 휴식,
조명팀은 무대팀이 무대 바닥을 다 쌓을 때까지 휴식이다.
그러나 이 연속되는 작업을 모두 진행하고 조율하는
무대감독팀에겐 휴식이 절대 부족하다.

비싼 냉난방비 때문에 보통의 경우에는
셋업 기간에 스태프들을 위한 냉난방이 없다.
무대감독은 현장에 머무르는 시간이 많다보니,
여름엔 더위와, 겨울엔 추위와 싸우게 마련이다.

이상하게도 공연장에는 봄과 가을이 없다.
마치 군대처럼, 여름과 겨울만 존재하는 공연장에서,
밤낮없이 계속되는 셋업과 정신없는 리허설을 마치면,
어느새 다가온 공연이 끝난다.

그렇지만, 아직 무대감독의 업무는 끝나지 않았다.
프로듀서, 연출, 음향, 조명, 영상, 트러스, 무대, 악기……
누군가는 벌써 짐을 다 싸서 뒤풀이에 갔고,
누군가는 자기 팀 장비를 정리해서 창고로 떠났지만,
모든 팀의 모든 장비가 안전하게 철거되어
반입구를 무사히 빠져 나가고 나서야
비로소 무대감독은 프로젝트를 마무리한다.

#027 공연장 사람들
조명감독

조명감독, Lighting Director.

조명감독의 역할이 중요한 이유는,
기본적으로 모든 관객은 조명감독이 비추는 사물만 볼 수 있기 때문이다.
그래서 암전을 바탕으로 진행되는 거의 모든
–한낮의 야외 공연이 아니라면– 공연에서,
유능한 조명감독의 존재 여부는 공연의 느낌을
통째로 좌지우지할 만큼 중요하다.

콘서트 조명감독의 첫번째는 음악에 대한 이해다.
아티스트가 어떤 곡을 어떤 풍으로 부를지를 분석한다.
전주와 간주, 후주의 마디 수, 기타 솔로의 타이밍 등이 표시된
가사집은 조명감독의 필수 아이템이다.
앨범에 들어 있는 원곡 버전으로 시작해서,
공연 준비가 진행되면서 아티스트가 연습중인 편곡 버전까지
그야말로 무한 반복해서 음악을 듣는다.
이 무한 반복은 마지막 공연 날 리허설 전까지 계속된다.

음악의 변화에 정확한 타이밍으로 조명을 운용하려면
조명감독은 음감은 없어도 박자감은 있어야 한다.

조명감독의 숙명은 '메모리 잡기'이다.
메모리란, 무대에 매달고 바닥에 깔아놓은
최소 수십 수백 대의 조명 장비들이
어떻게 움직일지를 미리 입력해놓은 것이다.
이를테면, 메모리 1번은 100대의 조명 중에
몇 대가, 어디에, 어떤 색을, 어떤 밝기로,
어떤 크기로, 어떤 속도로 빛을 낼 것인지를
결정하고 미리 버튼 하나에 저장해놓는 것이다.

조명감독마다 천차만별이긴 하지만,
보통 한 곡에 10개 내외의 메모리가 필요하고,
10개를 잡기 위해서는 한 시간 정도의 시간이 걸린다.
보통 20곡이 넘는 콘서트 길이를 생각해보면
조명감독은 메모리에만 20시간이 필요한 셈이다.

그런데, 이 메모리 시간은
조명감독이 가장 고독해지는 시간이다.
메모리는 보통 다른 팀의 작업이
거의 다 중단된 심야에 이루어지기 때문이다.

게다가 메모리 작업은 작업의 특성상
조명팀이건 다른 팀이건 다른 사람이 도와주고 싶어도
딱히 도와줄 수 있는 작업이 아니기 때문이고,
'심심할 테니 옆에서 말동무라도 해주겠다' 하면
'그냥 커피나 사다주시고 들어가 쉬세요'라는
면박 아닌 면박을 듣기 십상이다.

컴컴하고 휑한 공연장에 혼자 남아
수면 부족과 고독함과 싸우며
메모리를 잡는 조명감독은
종종 '도망 가버릴까'라는
지독한 멘붕에 시달린다.

리허설 12시간 전, 02:00

무대감독만큼이나 공연장에 가장 먼저 들어가고
가장 마지막으로 나오는 사람이 조명감독이다.

대부분의 셋업에서 조명팀은
첫번째나 두번째로 작업을 시작하기 때문에
다른 팀보다 일찍 일을 시작하기 마련이다.
천장에 매달 조명기기를 얼른 달아서 띄워야
아래에서 무대도 만들고, 악기도 놓을 수 있기 때문이다.

공연 후 철수 때도 다른 팀이 먼저 철수해야
조명팀도 본격적인 철수를 시작할 수 있다.
바닥에 장비를 놓은 팀이 장비를 얼추 치워줘야
조명을 달고 있는 트러스나 배튼을 내리고
조명기기를 뗄 수 있다.

몸살 감기약에 만취해 있던 그날,
나는 대형사고를 쳤다.

#028 공연장 사람들
음향감독

음향감독, Sound Director.

콘서트를 하다보면 공연의 성격과 공연장,
연출 의도, 예산에 따라 섭외할 팀이 정해진다.
그러나 음향팀만은 반드시 섭외하게 된다.
콘서트의 기본은 '좋은 음향'을 만드는 일이기 때문이다.

음향의 영역을 크게 보면,
관객에게 쏘는 Public Address(PA)와
무대 위의 연주자들에게 쏘는 Monitor로 나뉜다.

PA는 무대 위의 아티스트와 밴드가 만드는
수십 수백 가지에 이르는 소리들을 모으고 섞어서
하나의 소리로 공연장의 관객에게 전달하는 일이다.

연주자들이 비빔밥의 재료를 만드는 사람이라면,
음향감독은 그들의 재료를 어떤 비율로 섞을지를 결정한 후,
손수 비벼서 손님에게 내는 역할이다.

음향감독에게 PA는 한 곡 한 곡이 모두 다른 비빔밥이다.

어떤 곡에서는 드럼의 킥이 잘 들려야 하고,
어떤 곡에서는 퍼커션의 윈드벨이 꼭 크게 나와야 한다.
어떤 곡에서는 기타 소리가 더 날카롭게,
어떤 곡에서는 목소리가 더 건조하게,
어떤 곡에서는 베이스가 특히 묵직하게.

이런 식으로 20곡이 넘는 곡의 믹싱을 하기 위해서는
미리 각 곡의 특징을 파악해서
어떤 곡을 어떻게 살려야 할지를 결정한다.

그저 그런 비빔밥을 파는 곳은 많아도
모든 재료의 맛이 살아 있고,
동시에 재료들이 절묘하게 조화까지 이루는
좋은 비빔밥을 만나는 일이 쉽지 않듯,
그냥 그런 PA는 많아도
좋은 PA를 만나는 일은 흔치 않다.

셋업이 시작되면 음향감독은
먼저 PA스피커를 달아 올린다.
객석 바닥에 저음 강화를 위한 우퍼를 놓고,
전기와 케이블을 모두 연결하면
공연장 특성에 맞는 기본 튜닝을 시작한다.

대중음악을 하는 콘서트에서,
관객을 음악 속에 파묻히게 하려면
당연히 어느 수준 이상의 크기로 소리를 내며
음향을 테스트하는 것이 당연한 일이다.
공연장마다 다른 음향 환경에
최적화된 소리를 만들기 위한 이런 당연한 일이
가끔은 저지당하기도 한다.

야외 공연은 '야외'라는 공간이 주는
공간의 낭만을 얻는 대신
여러 가지를 포기해야만 하는데,
그중 가장 대표적인 것이 음향감독이
음향 테스트를 충분히 하기 힘들다는 것이다.

테스트 때뿐만 아니라, 본공연을 하는 날도
야외 공연장 주위에 있는 학교, 아파트, 회사 등에서는
끊임없는 항의와 민원이 들어온다.
급기야는 공연중에 소음 측정기를 든 공무원이 출동하고,
공연이 끝나면 공연 기획사 직원은
경찰서에 출두해야 하는 상황도 벌어진다.

공연 10분 전

공연 첫 곡 후

일반 관객들이 알기 힘든
음향감독의 다른 일이 모니터 음향이다.
모니터란, 가수와 연주자들이
자신의 소리를 듣게 해주는 일이다.
엄청난 양의 소리가 쏟아지는 콘서트에서
출연자들이 자신의 소리를 제대로 듣지 못하면
절대로 음향의 균형을 맞출 수 없다.
그래서 모니터는 PA를 잘 만들기 위한 기초이다.

이를테면, 비빔밥에 들어갈 시금치나물을 만드는 사람이
자신이 어떤 시금치나물을 만들고 있는지
계속해서 맛을 봐가며 만들어야 하고
옆에 콩나물 담당자가 얼만큼 많은 콩나물을 만들고 있는지
체크해가며 만들어야
시금치만 혼자 화려한 맛을 내게 되는 상황이나
나중에 시금치만 모자라거나 남아도는 상황을
마주치지 않을 수 있는 것과 같다.

직접 노래를 부르는 아티스트에게
모니터는 특히 더 중요한 부분이다.
피아노 주자는 모니터 없이 '도'를 눌러도 '도'가 나오지만,
가수는 소리를 듣지 않고 정확한 '도'를 낼 수가 없기 때문이다.

요즘 가수의 모니터는 In Ear Monitor(IEM)가 대세이다.
IEM은 무선 팩을 가수가 몸에 지니고,
무선 팩에 연결된 이어폰을 귓속 깊숙이 꽂는 방식이다.
IEM 이어폰을 양쪽 귀에 꽂으면
가수는 음향감독이 무선 팩으로 보내주는 소리 외에는
거의 완벽에 가깝게 방음된 상태에서 노래할 수 있다.

가수들이 가끔 무대 왼쪽이나 오른쪽을 보고
귀를 가리키며 손짓하는 것은
그쪽에 자리잡고 있는 모니터 음향감독에게
특정 소리를 더 많이 또는 더 적게 출력해달라는 뜻이다.

모니터 음향감독은 때론 정체불명의 불평과 싸운다.

스튜디오의 완벽에 가까운 음향 환경에서
이제 막 야생의 라이브 콘서트에 입문한 초보 가수는
자신이 듣고 있는 모니터 음향에 대해
어떤 수정을 해야 본인에게 가장 적합한지를
제대로 파악하지 못하거나,
파악한다고 해도 명확하게 표현하지 못한다.

공연에 대한 긴장감에 사로잡혀 모니터 사운드에 민감해진 나머지
사춘기 소년 같은 '다 싫어' 병에 걸린 가수를 만날 때도 있다.
이럴 땐 아티스트의 성향을 정확히 파악하고 있는
베테랑 음향감독들이 빛나기도 한다.

#029   공연장 사람들
특수효과감독

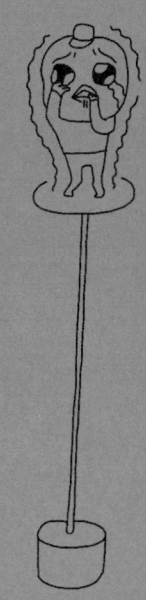

특수효과감독, Special Effect Director.

특수효과는 말 그대로 특수한 효과다.
관객이 쉽게 보기 힘든 특별한 장면을 만들어
공연장을 특별하고 일상적이지 않은 공간으로 느끼게 한다.

콘서트 전반에 특수효과의 양이 늘어남에 따라
때론 특수효과는 공연의 제목을 결정하는
중요한 아이디어가 되기도 하고,
공연의 마케팅 포인트가 되는 경우도 있을 정도로
공연 자체의 아이덴티티와도 직결되는 경우가 많아졌다.

특수효과감독은 연출자와 함께
공연에 들어갈 물량을 정리하고 섭외하는데,
특수효과는 크게 효과와 장치로 나뉜다.

먼저 효과류에는,
화려하게 터지는 화약,
금은박 릴테이프를 쏘는 샷,
무대 바닥을 은은한 하얀 연기로 덮는 드라이아이스,
불기둥을 뿜어내는 토치,
객석을 꽃가루로 덮는 빅블러스터,
비눗방울을 뿜어내는 버블머신,
무대에 눈을 내리는 스노머신,
흰색 연기 기둥을 뿜는 CO_2 등이 있다.

효과류의 생명은 타이밍이다.
음악에 맞춰 정확히 터지는 효과류는
관객의 감정을 극대화할 수 있는 좋은 도구다.

효과류, 특히 화약과 토치 등 불과 관련된
효과를 사용하는 데 걸림돌이 되는 것은 공연장 내규다.
어떤 엄격한 공연장은 불에 관련된 효과 일체를 금하기도 한다.
이럴 경우는 포기하는 수밖에 방법이 없다.

연출자로서는 아쉬운 일이지만,
제작비가 모자라는 프로듀서 입장에서는
가끔 고마운 일이기도 하다.

화약이나 토치류를 원칙적으로 허용하긴 하지만
무대에 올라가는 가연성 자재에 대해
꼼꼼한 방염이 필수적인 곳도 있다.

방염이란 불꽃이나 화염이 닿아도
자재가 타지 않도록 약품 처리를 하는 것인데,
방염 작업을 하게 되면 당연히 방염비가 들고,
때론 방염비가 화약 비용만큼 나오기도 한다.

효과류를 다루는 특효감독은 연출자와 협의한 타이밍에
정확히 효과를 쏠 수 있도록 음악을 귀에 박히도록 듣는다.

특히 화약과 샷은 한번 타이밍을 놓치면
공연이 끝날 때까지 못 쓰는 경우도 많아서,
순간의 효과는 특효감독의 고도의 집중력을 필요로 한다.
그래서 연출자도 이런 타이밍은
리허설 때 특효감독과 큐를 체크할 뿐,
공연 때는 굳이 큐를 따로 주지 않는다.

효과류 중 꽃가루를 뿌리는 장비인 빅블러스터를 쓸 때는
공연장 청소과나 별도 청소비가 걸림돌이 되기도 한다.
그리고 미리 공연장과 협의가 끝났다고 하더라도
청소 담당자의 '조금만 뿌리라'는 은근한 압박은 계속된다.
가로 세로가 1~2 센티미터에 불과한 종이 조각은
일단 뿌려지면 공연장 구석구석에 바퀴벌레처럼 박히기 때문에
꼼꼼히 청소하기가 쉬운 일이 아니긴 하다.

특효의 또 한 축은 장치류라고 할 수 있다.

장치류의 기본인 여러 형태의 리프트,
무대 위에서 움직이는 슬라이딩,
출연자나 세트를 회전시키는 턴테이블,
순간적으로 무언가를 떨어트리는 이탈기,
사람을 공중으로 띄우는 와이어,
무대 위에 비를 내리는 워터 커튼,
그리고 공연 내용에 맞게 새롭게 제작되는 여러 장치들.

장치류 역시 효과류처럼 타이밍이 중요하지만,
안전한 운용도 아주 중요한 요소다.
육중한 기계에서 에러나 사고가 났을 경우
자칫 인명 사고와 연결될 수 있기 때문이다.
그래서 장치류는 몇 번이고 리허설을 해야 한다.

조연출의 특효 체험기

이탈기

전동 슬라이딩

시저 리프트

매직 리프트

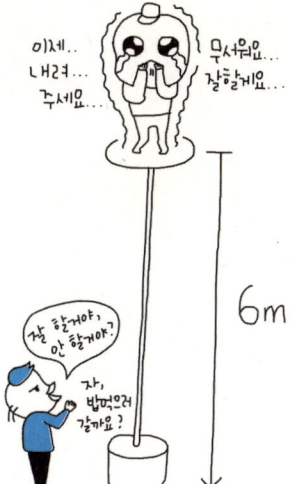

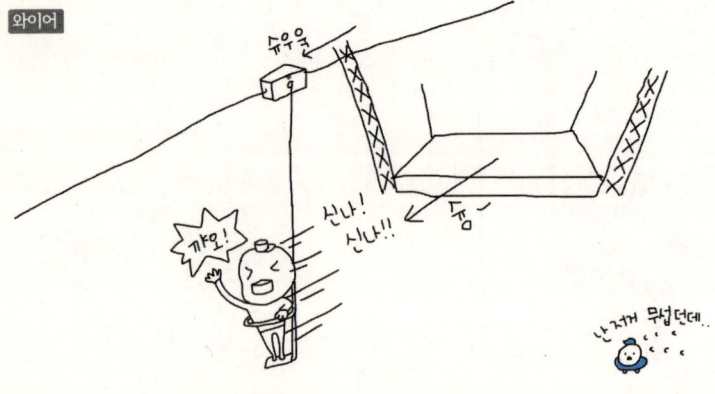

콘서트 산업이 발전하고, 대형 아이돌 공연이 늘어나면서
특수효과 부문은 다른 프로덕션에 비해
비약적인 발전을 했고, 이는 분명 고무적인 일이다.

그러나 어떤 아티스트나 연출자들은 콘서트에서
특효를 위한 특효를 남발하기도 한다.
의미 없이 늘어놓는 특수효과들은
신기할 수는 있어도 감동스럽지는 않다.

싱싱한 재료의 맛을 느끼기보다
자극적인 고추기름을 퍼부어
눈물 콧물 닦느라 정신을 잃어
오직 매웠다는 기억만 남는 저질 매운 짬뽕처럼,
남발하는 특효로 점철된 공연은
아티스트의 본질을 느끼려는 관객의 관람을 방해한다.

나 역시 특수효과로 관객의 눈을 홀리며
은근슬쩍 몇 곡 때워볼까 하는 마음이 들 때마다 되새긴다.
그 특수효과에는 과연 연출자와 아티스트의
진.심.이.담.겨.져.있.는.지.

#030 공연장 사람들
여성 스태프

프로덕션 파트에서 최근 몇 년간
여성 스태프가 비약적으로 늘어나긴 했지만,
여전히 남성 스태프의 수가 압도적이다.
특히 콘서트 업계에서 더 심하다고 생각되는데,
전체적인 비율을 따지자면 8 대 2 수준이다.
개인적인 경험치에 의존하는 결과이긴 하지만,
몇몇 파트에서는 아예(!) 여성 스태프가 없거나
3년째 가뭄인 땅에서 콩 나듯 보이는 경우도 있다.

프로덕션일이 체력적으로 힘든 경우도 허다하니
여성이 아무래도 버티기 힘들고,
게다가 결혼을 하고 자녀를 가지게 되었을 때,
지방 투어라도 걸리면 집에 못 들어가기 일쑤니
더더욱 버티기가 힘들기 마련이다.
그리고 출산휴가나 육아휴직을 장기적으로
인정해줄 수 있는 나름 넉넉한(?) 형편의 회사를 만나기란
5년째 가뭄인 땅에서 콩 나듯 힘든 일이다.

그렇다고 해도, 우리나라 스태프들의 여성 비율은
외국 그 어느 나라의 그것보다 심하게 낮다.
동서양을 막론하고, 외국에는 각 팀 사장님이 여성인 경우도 많고,
헤드급, 크루급 가리지 않고 여성 스태프들을 만날 수 있다.
5 대 5라고 이야기할 수는 없지만,
6 대 4라고는 이야기할 수 있는 수준이다.

한국 여성이 외국 여성보다 체력이 유난히 약하다거나
재능이 현저히 떨어진다거나 하지는 않을 텐데
유난히 우리나라만 남성 편중이 심한 것은
인력난에 시달리고 있는 프로덕션 팀들이 풀 수 있고,
또한 반드시 풀어야 할 문제다.

분명한 건, 프로덕션 팀들의 사정도
공연 산업의 성장과 더불어 여러모로 나아지고 있기에,
여성 스태프들이 성장하고 장기적으로 일할 수 있는 환경도
그 속도는 비록 늦을지언정, 서서히 조성되고 있다는 점이다.

여성 조명감독 한 분을 콕 집어 소개하려 한다.

지금은 삼십대 중반의 그는, 고등학교 때 공부를 열심히 했고,
좋은 대학을 나왔고, 대기업 S사에 취직했다.
평탄한 삶을 살던 그는 어느 날 회사를 때려치웠고,
공연 아카데미 조명반에 덜컥 들어가는 선택을 한다.
그의 표현에 따르면 '그때 갑자기 미쳐서' 그랬단다.

1년 과정의 아카데미가 끝날 때쯤, 조명반 선생님이자
콘서트 조명 회사의 대표님의 권유로 조명회사에 들어갔고,
회사에서 주목받는 조명감독으로 성장한다.

그렇게 4년을 지낸 후, 서른한 살에 그는 결혼을 했고,
서른두 살에 첫째를 얻었으며, 서른다섯 살에 둘째를 얻었다.
결혼 후 5년 동안, 두 번의 출산을 하면서도
그는 회사를 그만두지 않았고, 회사도 그를 놓지 않았다.

물론, 회사에서는 기혼 여직원이 처음 생긴 것도 신기한데
게다가 출산까지 한다고 하니 더더욱 어찌할 바를 몰랐다.
결론적으로 회사에서는 출산 앞뒤로 6개월의 휴가를 내주었고
지금은 육아를 최대한 배려하는 업무 스케줄을 배정하고 있다.

나는 지금까지 이분을 제외하고는 콘서트 프로덕션 파트에서
여성이고, 기혼이며, 출산 경험이 있는 스태프를 본 적도 없고,
이런 경우가 있었다는 이야기도 들은 적이 없다.

그래서 이 케이스는 궁극적으로 콘서트 업계의 여성 스태프들이
안정적으로 일을 이어나갈 수 있는 사례 연구감이다.
지금은 유일무이한 케이스이지만,
부디 앞으로는 흔하디흔한 일이 될 수 있도록
콘서트 산업 전반의 인식과 환경이 바뀌길.

#031   데우스엑스마키나

공연일을 하면서
어떤 출연자에게든 먼저 가서 '사진 같이 찍어요'라든가
'전화번호가 뭐예요?'라고 해본 적이 단 한 번도 없다.

그들이 나를 어떻게 생각하는지는 몰라도,
난 그들을 파트너로 생각하기 때문이다.
그래서 나이 많은 아티스트에게도 '형, 누나'를 하지 않고,
어린 아티스트에게도 'XX야'라고 하지 않는다.

연출자는 출연자와 관객을 잇는 사람이다.
출연자가 간혹 자뻑에 겨운 구성을 짜도 뜯어말려야 하는 것이 연출자다.
어느 땐 관객의 편에, 어느 땐 출연자의 편에 서야 하는 것이 연출자다.
그래서 나는 출연자와 부자연스럽게 친해지려 애쓰지 않는다.

'형, 동생' 하며 인간적으로 얽혀버리면,
당장은 얻는 게 많은 것 같아도, 결국은 잃는 게 많다는 걸 깨달았기 때문에.

더구나 내가 출연자의 팬이라 하더라도 그걸 내보이고 싶어하지 않는다.
출연자가 보여주고 싶은 것을 잘 보여주는 것도 연출자이지만,
관객이 보고 싶은 것을 잘 보여주는 것도 연출자이기 때문에.
난 때때로 그들의 편일 수는 있어도 팬일 수는 없다.

여하튼,
그렇게 출연자에게 뭐 하나 허투루 보이고 싶어하지 않는 김PD.

그러나 결국 그것도 무너지는 순간은 온다.

무지막지하게 더운 계절.
무지막지하게 더운 나라로 투어를 나온 김PD.

한국에서 걸려온 어머니의 전화.
기다리고 기다리던 조카의 탄생. 아니, 강림.

글로벌 로밍이 이토록 고마웠던 적이 있었나.
바로 형수님께 문자를 보냈다.

곧바로 날아온 답장.

박빙의 승부 속에서, 원정팀이 터트린 9회초 만루 홈런처럼.
모든 것은 한순간에 결정나기도 한다.

MMS로 날아온 조카의 사진은 하나의 데우스엑스마키나였다.

연출회의 때는 제집처럼 드나들던 아티스트 대기실이
담배 피우다 걸린 고딩이 불려가는 교무실처럼 멀게 느껴진다.

"저기…… 실은 어제 제 조카가 태어났는데……
주저리…… 주저리……
사…… 사인 하나만…… 해줄래요?"

"네, 그럼요! 당연히 해드려야죠. 태명이 푸르니라구요?"
"뭐라고 쓸까요? 남자애니까…… 피.부.좋.은.꽃.미.남.이.되.렴."
"와~ 축하드려요! 저도 조카가 있는데 요새 미운 일곱 살 어쩌고 저쩌고……."
"애기 사진 완전 이뻐요! 축하드려요!"

"흑…… 고마워요……."

#032 인디밴드 공감

콘서트 일을 하는 사람들 중에 상당수는
이십대에 음악을 실제로 했었던 사람들이다.

어떤 연출자는 전자 기타를 잡았었고,
어떤 무대 디자이너는 드러머였다.
어떤 조명감독은 보컬이었고,
어떤 음향감독은 베이시스트였다.
어떤 프로듀서는 현직 인디밴드 기타리스트이다.

나 역시 초등학생 때 처음 어쿠스틱 기타를 배웠고,
고등학생 때 중창단을,
재수생 때 대학로 라이브카페 가수 아르바이트를,
대학생 때 홍대 소극장 무대에 섰다.

잠시 후, 사장님이 건넨 쪽지

그렇게 얼결에 한 시간을 노래하는 동안,
등에는 식은땀이 줄줄 흘러내렸다.

노래방에서 노래할 때는
전주 나오는 동안 헛기침도 맘껏 하고,
간주 때는 마른 목에 음료수도 마시고,
기계가 목소리를 적당히 뭉개서 잘 부르는 것처럼 들리기도 하고,
부르다 지치면 두세 마디는 친구들에게 넘기고,
그래도 안 되면 '에이, 이거 별로네' 하며 꺼버리기도 했지만

무대 위에서는 전주부터 후주까지 4분 동안
오로지 기타와 훨씬 건조하고 또렷이 들리는 목소리만으로
그 공간을 오롯이 채워야 했다.

그 한 시간이 지난 후,
나는 마치 연장 12회까지 완투를 한 투수처럼
완전히 녹초가 되어서 내려왔다.

재수를 시작하던 그해,
나는 반년 동안 일주일에 여섯 번을 매일같이 바(bar)에 나갔다.
재수학원 수업이 저녁에 끝나고
다른 친구들은 야자를 하러 다시 학원 자습실로 발길을 옮기면
나는 버스 정류장으로 발길을 옮겼다.

63-1번 버스 뒷자리에 앉아서 대학로까지 가는 동안
오늘은 무슨 멘트를 할까, 무슨 노래를 할까,
신문과 잡지를 찾아보고 새로 복사한 악보를 끼워 넣었다.
가게 앞 분식집에서 참치김밥을 먹은 후
조율을 하고 무대에 올라가 한 시간을 보냈다.
내려와서는 사장님이 주시는 맥주를,
또는 기분 좋아진 손님이 사주는 맥주를,
또는 손님이 찾아가지 않는 양주를 홀짝였다.
지하철 막차를 타고 집 앞에 와서는
편의점에서 초콜릿을 하나 사서 입안 가득 물었다.
행여 술 냄새라도 날까봐.

그 반년은 지금 일을 하는 데에 큰 도움이 된다.
한 시간의 흐름을 어떻게 가져갈 것인지,
어디서 힘을 주고, 어디서 힘을 뺄 것인지,
어디서 소통을 하고, 어디서 밀어붙일 것인지,
내 연출의 5할을 대학로 알바 가수를 하며 배웠다.

재수생 때 알바를 했다는 사실을 엄마는 지금도 모르시지만,
분명한 건,
그때 내 삶은 분명 빛나고 있었다.

대학에 들어가서도,
군대에 있는 동안, 휴가를 나와서도 자주 그 바에 들렀다.

가게에 있는 형들이 좋았고,
노래가 좋았고, 맥주가 좋았다.
가장 좋은 건,
한 시간 올라가서 노래를 하고 내려오면,
그날은 술을 공짜로 준다는 사실이었다.

어릴 적 노래하던 친구는 대학가요제 대상을 탔고
동아리 선후배들 중 몇 명은 전업 가수가 되었으며,
홍대 앞 공연 세션이던 동생들은 잘나가는 인디밴드가 되었다.

이제 내겐 취미가 된 연주와 노래지만,
그런 사람들을 보면 지금도 가끔은 가슴이 뜨거워진다.
무모해 보였던 그들이 결국 꿈을 이루는 모습에
한편으로는 감탄하고 뿌듯하면서
한편으로는 샘나고 부럽다.

인디밴드 공연을 두 달에 한 번씩 하고 있다.
이십대 초중반의 그들은 그 나이 때 나보다 훨씬 당차고 솔직하다.

대학생이거나, 휴학생, 공익근무요원, 회사원,
그도 아니면 반백수인 그들에게서 내가 그 나이 때 쉽게 포기해버렸던 것들을
절대 포기하지 않겠다는 탄탄한 의지가 보인다.
행여 그들이 언젠가 포기하더라도 그때는 꿈꾼다는 것만으로도 가치 있다.
누군가 얘기하지 않았는가,
이십대에는 돈 안 되는 일을 많이 해보라고.

10여 년 전 내 모습을 비추는 거울 앞에 선 듯,
그들의 공연을 만들 때는 가슴이 유난히 뜨겁다.

#033 미국 투어의
역습

야심차게 미국으로 진출한 그 친구들.
우리나라에서 이미 이룬 대단한 것들,
그리고 그 친구들이 당장이라도 손쉽게 이룰 수 있었을 법한 많은 것들.

과거와 현재의 많은 것들을 포기하고
뉴욕행 비행기에 그들의 미래를 싣던 그들을 보면서,
그들의 대담함이 부러웠던 적이 있다.
아니, 그렇게 대담해질 수 있는 기회를 부러워했던 것 같다.
혹자는 무모하다고 했고, 결국은 무모했던 것일 수도 있다.
하지만, 내가 그들의 위치였어도 그렇게 했을 것을 알기에,
나는 마음속으로나마 소심한 응원을 한다.

그들은 여전히 진행형이다.
그들은 여전히 이십대 초반이며,
그들은 여전히 초심을 잃지 않았으며,
그들은 여전히 현재를 즐기고 있다.

'성공하려고 한 적도, 성공할 계획을 세운 적도 없다.
다만, 나는 항상 내 일을 즐겼을 뿐이다'라고 얘기했던
세계적인 화장품 회사의 여성 CEO의 연설을 보며 그 친구들이 떠올랐다.

그들의 데뷔 첫 콘서트를 했던 인연으로,
2010년 월드투어를 함께하게 되었다.

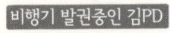

투어를 시작하고 얼마 후 엄청나게 빡빡한 스케줄이 이어졌다.
5박 6일 동안 여섯 도시에서 6회 공연.
뉴욕–시카고–휴스턴–달라스–LA–애너하임–샌프란시스코로 이동하는
동부–남부–서부 스케줄은 논산 훈련소에서의 첫 일주일만큼이나 힘들었다.

새벽 5시에 호텔 로비에 모여,
버스에서 30분 쪽잠을 자면 공항에 도착한다.
비행기 티켓을 받고, 공항에서 샌드위치를 흡입한 후,
저가 항공사의 이코노미석에 구겨져 들어가면,
비행기가 뜨기 전에 잠들어 내린 후에 깬다.
짐을 찾아서 다시 버스에 타고 공연장으로 직행.
눈코 뜰 새 없는 셋업과 사운드체크와 공연.
다음 도시로 보낼 화물을 체크해서 보내고,
호텔에 도착하면 밤 1시.

호텔에 냉장고가 있었는지,
커튼을 열면 어떤 야경이 펼쳐지는지,
TV에서는 뭘 하는지 따위에는 관심이 없다.
옷을 벗으면서 씻고, 닦으면서 눕는다.

길게는 6일 연속, 짧게는 3일 연속으로
이런 생활을 반복하다보면 특별한 능력도 생긴다.

한국인의 조상은 왠지 독수리인 것 같은 착각이 드는 시력의 상승

마약을 찾는 마약 탐지견처럼 동물적 감각으로 찾는 흡연 구역

본의 아니게 환경을 보호하게 되는 능력

1차 투어가 끝나고, 2차 투어가 시작하기 전의 투어 브레이크(tour break) 동안 하와이에서 열흘 정도 머무를 수 있었다.

그때, 혼자 커피집에 앉아 노트북을 펴놓고 끄적이던 일기.

두 달여간 계속된 미국 투어에는 다양한 스태프들이 있었다.
연출, 무대감독, 음향감독, 조명감독, 영상감독 등의 프로덕션 스태프 외에도
투어 매니저, 소속사 스태프, 스타일리스트, 헤어, 메이크업 스태프,
그리고 투어를 방송으로 만들기 위해 붙은 카메라감독까지.

우리의 다양한 역할만큼이나 다양했던 것은 우리의 출신 성분이었다.
출신지와 국적을 기준으로 따지면,
한국에서 온 한국사람, 한국에서 온 미국사람
미국에서 온 한국사람, 미국에서 온 미국사람까지.
영어와 한국어, 거기에 콩글리시까지 적당히 섞인 투어팀은
팀워크는 집합명사였지만,
한 명 한 명의 인생사는 군집명사였다.

그 군집명사 중에 가장 눈에 띄는 분은 삼십대 후반의 누나였다.

작은 키에 똘망똘망(!)한 눈과 동안을 가진 누나는
한눈에 봐도 대단한(?) 사람 같아 보이진 않았다.

한국에서 메이크업 아티스트로 일하면서 가정을 꾸렸고,
삼십대의 어느 날, 잘나가는 직업 그리고 남편과 아이를 남겨둔 채,
그리고 이렇다 할 경제적 뒷받침과 영어 한마디 모르는 채로
혈혈단신 뉴욕으로 건너와 메이크업 스쿨에 들어가는,
일종의 미친 짓을 감행한다.

몇 년째 뉴욕을 기반으로 일을 하면서 학위를 따고 있던 누나.
투어가 끝나자마자 누나는 뉴욕이 아닌 라스베이거스로 갔다.
메이크업 관련한 상을 수상하기 위해서.
그리고 지금은 논문을 마치고 세계를 무대로 일하고 있다.

누나의 인생사를 듣고,
상을 타고 학위를 받는 소식을 들으면서
부럽고, 동시에 부끄러웠다.

말로만
'더 큰 걸 공부해야 한다'
'배우지 않는 순간 정체되고, 정체되는 순간 사그라진다'
'그래서 난 언젠가 큰물로 나갈 거다'라고 하면서
그럴듯한 핑계를 그럴듯하게 연출하며
도전을 회피하고 있는 스스로가 부끄러웠다.

'지금은 결혼해야 하니까'
'유학 생활비 좀 더 벌어놓고 나서'
'영어가 아직 부족한데 공부할 시간이 없어서'

이런 핑계들이 훗날 자가발전을 거듭하여
'아기는 낳아야 하지 않을까'
'집 사고 차부터 바꾸고 나서'
'영어는 다 까먹은 거 같은데'와 같은
더더욱 그럴듯한 핑계가 될 걸 알면서도
그 순간을 속으로는 은근히 기다리고 있는 듯한 내가 싫었다.

두 달간의 미국 투어를 떠날 때 배워오리라 예상했던 것들은
실제로는 반의 반도 존재하지 않았다.

**가장 큰 가르침은
투어팀에서 가장 키가 작은 누나에게서 왔다.**

#034   삼십대 중반 남성의
        관심사

고등학교 때 친구들을 만났다.

고등학교 때
'쟤는 커서 뭐가 될까'라는 걱정 어린 고민의 대상이었던 녀석들은
물론, 친구들은 같은 고민의 대상으로 나를 지목했다고 하지만
어느덧 괜찮은 대학의 괜찮은 과를 나와 괜찮은 직장에 취직했었다.

이젠 모일 때 술값이 얼마인지, 비싼 안주를 먹어도 될지 같은 건
별로 걱정하지 않아도 되는 나이쯤이 되었다.

초가을,
어느 술집에서 모인 친구들은
오랜만에 이런저런 얘기를 시작했고,
화제는 우리 나이 때의 사람들이 가질 법한 관심거리들이었다.

그러나,
그때 내 머릿속에는 '연말에 어느 가수와 어느 가수를 묶어서
어떻게 공연을 하면 좋을까' 하는 고민이 가득했다.
나는 잠재적 관객인 친구들의 의견이 듣고 싶었다.

그런 생각이 들었다. 나 하고 싶은 일 한다고.
또래 친구들의 고민과 관심사에서 나만 멀어진 건 아닐까?
공연일을 하는 사람들이 모두 이런 건지.
아니면 나만 이런 건지.
금리 높다는 예금을 검색하고, 부동산 기사를 챙겨보며,
주식이 언제쯤 오를지 고민하고, 펀드를 언제 환매할지 생각하며,
아이를 영어 유치원에 보낼지를 고민하는
'보통'의 친구들에 비해, 어떤 의미에서
나는 뒤떨어져가는 것이 아닐까.
혹은 동떨어져가는 것은 아닐까.

남들처럼 살지 않겠다고 다짐하던 나는,
남들처럼 살고 있지는 않지만,
남들처럼 살지 않겠다고 다짐하던 내가,
남들보다 잘 살고 있는지는 자신이 없다.

#035　프리랜서 라이프

2010년 1월 31일,
자의 반 타의 반으로 회사를 나왔다.
대책 없이 강요하는 회사에
대책 없이 사표를 내밀었다.
과정이야 어찌되었든, 결과적으로는
모든 직장인의 꿈이라는 '프리랜서'가 된 것이다.

퇴직금을 포함한 약간의 현금,
몇 년째 한 자리 수익률을 기록중인 펀드,
'그래도 예금이지' 싶어 들어놓은 예금,
지인에게 빌려준 얼마간의 돈.
그리고 출고된 지 7년 된 중고차 한 대.

그렇게 회사의 울타리를 벗어나
기댈 곳 하나 없는 황무지,
프리랜서의 세계로 나왔다.

프.리.랜.서.

행복했다. '보통'과 다를 수 있어서.
평일에 새벽까지 술을 먹을 수 있다는 것이,
조미료가 들어가지 않은 집 밥을 자주 먹는다는 것이,
대형서점이 한가한 시간에 갈 수 있다는 것이,
이제 막 걷기 시작한 조카와 맘껏 놀아줄 수 있다는 것이,
거실 소파에 누워 신문을 꼼꼼하게 읽을 수 있다는 것이,
텅 빈 영화관에 다리 쭉 뻗고 앉아 영화를 볼 수 있다는 것이,
평일 저녁 야구를 1회부터 볼 수 있다는 것이.

그리고,
같은 이유로 불안했다.

마치 파란 티셔츠를 입고
월드컵 길거리 응원에 나간 것처럼,
잘못한 건 없는데 괜스레 불안해졌다.

백수 초창기. 방탕했다.

03:00

03:30

03:55

잠의 법칙. 잠은 잘수록 늘고, 안 잘수록 준다.

19:00

23:00

어릴 적부터 밤이 좋았다.

밤에는,
엄마 몰래 들을 수 있는 라디오도 있었고,
TV에서도 키스신이나 조금 야한 장면이 있는 영화를 해줬고,
밥 먹어라 세수해라 학교 가라는 잔소리도 없었다.
오직 내가 좋아하는 '빨리 자라'는, 듣기 좋은 잔소리뿐.

밤을 본격적으로 누리기 시작한 건 재수 시절이었다.
수능을 100일 앞두고 재수학원과 가수 아르바이트를
동시에 때려치운 뒤 독학하던 시절.
엄마에게 버려진 나는 내 맘대로 일상을 조율할 수 있었고,
나는 대낮에 자고 한밤에 공부하는 걸 택했다.
그리고 매번 수능 모의고사 3교시를 졸다가 망치곤 했다.

지금, 나는 밤을 무제한으로 즐긴다.
자정에 업데이트되는 반값 사이트들과 함께.

프리랜서는 어쩔 수 없이 인생의 표준편차가 크다.
물론 들어오는 일을 우아하게 골라가며
꾸준하게 일정한 업무량과 수입으로 일하시는
극소수의 선배 프리랜서들도 있겠지만.

일이 없을 때는 정말 내일이면 굶어 죽을 것처럼 없다가도,
일이 몰릴 때는 분신술을 배워두지 않은 것을 후회할 만큼 바쁘다.

하늘은 사람에게 할 수 있는 만큼의 일을 주신다고 하지만,
때로는 할 수 있는 양보다 적은 일을 주시기도 하는 것 같다.

일이 없는 기간이 지속될 때는 마음이 무겁다.

그런데 최악의 순간은
일이 없는 기간이 지속되기 바로 직전, 그 순간이다.
스케줄 표에는 딱 한 공연만 잡혀 있고,
그 공연이 바로 내일인 날.
오늘 밤에는 내일 인당수에 빠지는 심청이의 밤만큼
심란한 밤이 찾아온다.

'내일…… 아니 모레 뭐하지?'

놀고 있는 프리랜서에게 금기시되는 질문이 있다.
"다음에 뭐 준비하세요?"

이 질문은,
애인 없는 노처녀에게 던지는 '요즘 누구 만나니?',
내지는 '결혼 언제 할 건데?'와 같은 질문이다.
친구들처럼 결혼도 하고 싶고
아니면 적어도 근사한 남자친구 하나 가지고 싶어 죽겠는
노처녀에게 이런 질문은 너무 잔인하다.

질문의 예봉을 피하는 비겁한 웃음으로,
'하하…… 아직 좋은 사람이 없네요'라고 노처녀는 대답한다.
'하하…… 좋은 공연 들어오겠죠'라고 나는 대답한다.

어디선가 이런 글을 읽었다.
남자의 자존심은 지갑이 비어 있을 때 무너진다고.
프리랜서의 자존심은 스케줄이 비어 있을 때 무너진다.

쓰디쓴 소주는 분명 입으로 마셨건만,
그날은 마음이 쓰렸다.

언젠가는 도전해보고 싶었던 것이었다.
회사라는 안전망을 벗어나,
스스로의 능력을 시험해보고 싶었다.

대표님이나 팀장님이
그때 그때 스케줄이 적당한 사내 PD에게 주는 일 말고,
내 이름만 보고 맡기는 일들을
내 이름만 걸고 해보고 싶었다.
그런 식으로 스스로에게 더 동기부여를 하고 싶었다.

그러나 예상보다 한참이나 일찍 찾아 온 프리랜서로서의 삶은
정확히 예상만큼이나 힘들고 외로웠다.

이른바 '영업', '접대'라고 하는,
아티스트나 공연 기획사 사장님들에게
마음에도 없는 달콤한 사탕발림과
허황된 꿈을 심어주는 일을 경멸하는 나를,
혹자는 딱딱하다고, 또는 재수없다고 얘기했을지도 모른다.

그러나 프리랜서를 시작하면서 내가 세운 원칙은,
새로운 아티스트나 기획사를 닥치는 대로 만나
'뭐라도 하나 건져볼까'라는 마음으로
형 같지도 않은 사람들에게 형이라고 부르며
팔자에도 없는 꿀을 혀에 잔뜩 발라가며 밀어를 속삭이거나,
내키지도 않는 불편한 자리에서 술값을 써가며
몸과 마음을 상하게 하는 일은 하지 않겠다는 것이었다.

그리고,
나와 한 번 일해본 상대는
반드시 다시 함께 일하고 싶어하게 만들자는 것이었다.

#036 새벽의 울컥함

2010년 늦가을 어느 날 새벽 6시.
하지보다는 동지가 가까운 듯,
아직은 달이 지배하는 시간이었다.
끝이 보일 것 같지 않던 거나한 뒤풀이를 끝내고
대리운전 기사님과 집으로 가는 길.

갑자기 울컥했다. 눈이 뜨거워졌다.
운다고 볼 사람도 없지만,
본능적으로 창밖 저 멀리 높은 곳을 쳐다보았다.
마치 기계도 감지하지 못한 갑작스런 용암의 분출처럼,
그렇게 갑작스러웠다.

20% 정도의 알코올을 함유한 소주를
5% 정도의 알코올을 함유한 맥주에 적절히 섞으면
분명 8% 정도의 무언가가 되어야 하는데
그날은 마치 20%인 것 같이 진한 소맥을
받는 대로 들이부어서 그런 걸까.

이제껏 느껴보지 못한 울컥함에 당황했다.
마치 처음 스티로폼 덩어리를 만진 아기가
그 부피에 비해 초라한 무게를 가늠할 수 없어 당황하듯,
나는 그 울컥함의 정체를 알 수 없어 당황했다.

대리운전의 고단함에 대해,
그리고 당신이 왜 대리운전을 하게 되었는지에 대해,
당신의 아들이 어떤 대기업에서 무슨 일을 하는지에 대해,
남자가 사업을 하면 뭘 조심해야 하는지에 대해
이야기하기 시작한 대리기사 아저씨의 말은
마치 귀마개를 하고 듣는 이야기처럼 웅웅거렸다.

마치 드라마에서 운명의 상대를 만난 주인공들처럼,
그때 내 귀엔 아무 소리도 들리지 않았다.

그날 오후, 12시간을 자고
다시 달이 뜨려 할 때 쯤에야 눈을 떴다.
깨질 듯한 머리와 부글대는 속을 부여잡고 해장 라면을 끓였다.
라면을 한 젓가락 들어올릴 때,
손쓸 틈도 없이 안경 앞에 하얗게 차오르는 김.
새벽의 그 울컥함은 무엇일까에 대한 해답이 생각나는 듯하다가
금세 사라져버린 김처럼 아무 생각이 나질 않았다.

진하게 커피를 한 잔 타고, 담배를 꺼내 물었다.
어제 뒤풀이 중간에 잃어버린 지포 라이터가 생각났다.
어느 자리에 놓고 왔더라…… 생각날 듯 말 듯.
울컥함의 정체는 그런 것이었다. 무엇인지 알 듯 말 듯.

숙취는 생각보다 심했다.
늦은 밤에 땀 나도록 맵고 뜨거운 김칫국을 한 사발 더 들이켜도
온몸에 가득한 알코올이 빠져나가는 데에는 더 시간이 필요했다.

그 울컥함의 정체를 깨달은 것은 일주일쯤 후였다.
맥주를 세 캔째 따며,
800개가 넘는 관객들의 후기를 하나하나 읽고 있던 밤이었다.

관객 후기를 읽으며 공연을 되씹는 것은
연출자가 즐길 수 있는 최고의 자위 행위 중에 하나다.
팬카페에 올라온 가수에 대한 맹목적인 칭찬이 아닌,
예매처에 올라온 객관적으로 공연을 평가하는 후기에서
공연을 칭찬하는 내용을 보며 연출자로서의 나를 자위할 수 있다.

800여 개의 후기를 다 읽어갈 때쯤, 나는 깨달았다.
그 새벽의 울컥함은 연출자의 오르가슴이었다.

모두가 자신의 재능과 기술과 내공으로 일한다.
연출 일을 하는 사람은 거기에 하나 더, 진심을 털어 넣는다.
나는 내가 만들 수 있는 진심의 순도가 가장 높은 공연을 했던 것이다.

자신이 가진 모든 것을 바닥까지 긁어 공연을 만들고,
공연장에 온 만오천 관객과 스태프와 나와 아티스트가
마치 하나의 마음, 하나의 몸이 된 것처럼 움직이는 시간이 있다.
지난 공연이 바로 그 시간이었고,
나는 그 시간을 진심으로 사랑했던 것이다.

공연 준비 과정은 달콤한 연애였고,
공연의 전반부는 부드러운 애무였으며,
후반부부터는 격정적인 나눔이었다.
뒤풀이가 끝나는 순간의, 모든 것이 '탁' 풀리는 기분.
그날 새벽의 울컥함은 그 순간의 오르가슴이었다.
그리고 차가운 맥주와 함께 읽는 많은 후기는 따뜻하고 긴 후희였다.

예쁘지만 '사랑'이란 말을 쓰기조차 아까운 여자가 있고,
예쁘지 않아도 진심으로 사랑하게 되는 여자가 있다.

마음을 다 바쳐 사랑하는 여자와 나눈 잠자리가
마음이 가지 않는 여자와 나누는 그것보다
훨씬 황홀하고 오랜 여운이 남듯이.
그 공연이 내겐 진심으로 사랑한 여자와의 잠자리 같았다.

연출자는 일 년에 몇 개의 새로운 공연을 만난다.
어느 때는 동시에 다수의 공연 준비를 진행하기도 한다.
그러나 그 새벽의 울컥함을 만드는 공연을 만날 확률이란
소개팅에서 만난 여자가
진심으로 사랑하는 여자로 발전할 확률만큼이나 낮다.

맘에 든다고 시작한 모든 연애가
진심 가득한 사랑으로 발전하는 것은 아니듯이,
재미있게 준비한 공연의 모두가
연출자에게 뜨거움을 선사하지는 않는다.

또다시, 낮은 확률이란 걸 알면서도,
진심으로 사랑할 여자 같은 공연을 찾아 나선다.
그날 새벽의 울컥함, 그 순간을 잊지 못하기에.

• 꼬리글

이를테면 첫 공연.
앙코르까지 모두 끝났다.

출연자 퇴장의 여운이 사라질 무렵,
VJ에게 엔딩크레딧 큐를 주면
공연에 참여한 출연자와 스태프들의 이름이
가지런히 정돈되어 올라간다.

콘솔 여기저기서 수고했다는 인사가 들리고,
누군가는 와서 악수를 청한다.
인터컴 너머로도 무대 쪽 스태프들의 인사가 들린다.

나는 부산스럽게 인사를 나누기보다는
조용히 엔딩크레딧을 지켜본다.
엔딩크레딧이 잘 나오는 것을 중간까지 확인한 후,
조연출에게 마지막까지 지켜볼 것을 당부한다.

그러고는
퇴장하는 관객들이 가장 잘 보이는 곳에서
담배를 하나 꺼내 문다.

담배 한 개비가 다 타는 짧은 시간,
난 그 시간을 야무지게 즐긴다.

퇴장하는 관객들의 행복한 표정을 살피고,
아직 흥분을 가라앉히지 못한 관객이
높고 빠른 목소리로 쏟아내는 관람평을 듣고,
공연 시작 전보다 더 꼭 잡은 연인들의 두 손을 본다.

그 짧은 시간은 마치 전장에서 맞는 모르핀 같다.
몇 달간의 준비기간 동안 누적된
육체적, 정신적 피로가 최고조에 오르는
'첫 공연이 끝난 직후'의 시점에
일단 급한 대로 강력한 진통제를 하나 꽂아 넣는 것이다.

마지막 글을 쓰는 지금은
마치 아주 오래 준비한 공연을 끝낸 기분이다.

4년 전 이 순간을 꿈꿨고, 3년 전 첫 원고를 썼다.
그후로 몇 번 포기했고, 그만큼 다시 시작했다.

그 시간 동안 마음 한 켠이 무거웠다.
노트북 구석 어느 폴더에 자리잡은 '원고'를 볼 때마다,
"요즘 뭐해?"라는 질문에 "공연 준비하고…… 책 써!"라고
답했던 지인을 만날 때마다,
그리고 무엇보다 스스로에게 부끄러웠다.

누가 시키지도 않은 숙제를 해본 것은
맹세코 난생처음이었다.
게다가 그 숙제가 이렇게 오래 걸리고,
그동안이 이렇게 끙끙거리는 자책의 시간이 될 줄은
꿈에도 상상하지 못했다.

'가치 있는' 글이 될 수 있을는지는 모르겠지만,
'같이 읽는' 글이 될 수 있기를 바란다.

그리고,
지금 내겐,

훨씬 더 강력한 모르핀이 필요하다.

2012년 여름 어느 새벽,
한껏 뜨거워진 고물 노트북 앞에서

김피디의 쇼타임

1판 1쇄 발행 2012년 9월 28일
1판 4쇄 발행 2019년 6월 25일

지은이 김상욱
그린이 김윤주

편 집 이희숙 박선주 **모니터링** 이희연
디자인 김선미 이정민
제 작 강신은 김동욱 임현식
마케팅 최향모 이지민
홍 보 김희숙 김상만 이천희
관 리 윤영지

펴낸이 이병률
펴낸곳 달
출판등록 2009년 5월 26일 제406-2009-000034호

주 소 10881 경기도 파주시 회동길 455-3
전자우편 dal@munhak.com
🐦 f ⓘ dalpublishers
전화번호 031-8071-8682(편집) 031-8071-8670(마케팅) **팩스** 031-8071-8672

ISBN 978-89-93928-51-8 03810

- 이 책의 판권은 지은이와 (주)달에 있습니다.
  이 책 내용의 전부 또는 일부를 재사용하려면 반드시 양측의 서면 동의를 받아야 합니다.
  달은 (주)문학동네의 계열사입니다.

- 이 도서의 국립중앙도서관 출판예정도서목록(CIP)은 서지정보유통지원시스템 홈페이지(http://seoji.nl.go.kr)와 국가자료공동목록시스템(http://www.nl.go.kr/kolisnet)에서 이용하실 수 있습니다.
  (CIP제어번호: CIP2012004284)